Friedrich Schiller
Kabale und Liebe

Vom Stichwort zum Textbaustein

Pädagogisch-didaktisches Konzept:
Günther Nieberle, Diplompädagoge, Regensburg

Mitarbeit:
Christiane Hauner, Gymnasiallehrerin für Deutsch

www.vekole.de

ISBN 978-3-9810148-7-7

Layout: Birgit Szuba, Regensburg

Inhalt

1. Aufbau und Konzeption des Arbeitsheftes

Die vorliegende Klausurenhilfe unterstützt Sie beim Erschließen des Dramas Kabale und Liebe von Friedrich Schiller. Sie strukturiert den Lernstoff, indem sie aus der Fülle der Informationen, die Sie dem Deutschunterricht, der Recherche im Internet sowie dem Studium von Lektürehilfen entnommen haben, die Gesichtspunkte herausgreift, die für die Unterrichtspraxis erfahrungsgemäß von besonderer Bedeutung sind. Diese Inhalte sollen in einer Form erarbeitet werden, die ihren Abruf in Leistungsüberprüfungen und ihre Verwendung in unterschiedlichen Zusammenhängen erlaubt.

Sie finden im Folgenden Übungsaufgaben

- zum Inhalt und zur literaturgeschichtliche Einordnung des Dramas
- zu biografischen und historischen Hintergründen des Werkes
- zur Charakterisierung der wichtigsten Personen im Stück
- zum Aufbau des Dramas und zur Konzeption des Theaters bei Schiller
- zur sprachlichen Form
- zur Erschließung von Schlüsselszenen

In der Praxis hat sich der folgende Trainingsaufbau bewährt:

- In einem ersten Arbeitsschritt erstellen Sie eine Stichwortsammlung zum jeweiligen Übungsschwerpunkt, z.B. in Form einer Mindmap
- Anschließend vergleichen Sie Ihr Ergebnis mit den Vorschlägen 2.1 – 2.23 in diesem Heft: Überprüfen Sie Ihre Auswahl und Ihre Formulierungen
- Im nächsten Schritt verknüpfen Sie die einzelnen Stichwörter und erstellen einen Textbaustein zum Thema
- Vergleichen Sie wiederum Ihr Ergebnis mit den Vorschlägen 3.1 – 3.23 im Heft

Das Training ist nun fast beendet. In einem letzten Schritt geht es nun „nur noch" darum, die erarbeiteten Bausteine in Bezug auf eine konkrete Themenstellung sinnvoll zu kombinieren. Mit einer entsprechenden Musterlösung schließt die Klausurenhilfe.

2. Erarbeitung von Textbausteinen zu Friedrich Schiller: Kabale und Liebe

2.1 Inhalt des Schauspiels

- Ferdinand, Sohn des Präsidenten von Walter, liebt die bürgerliche Luise Miller, Tochter des Hofmusikanten
- Luises Vater ist wegen des Standesunterschieds gegen die Verbindung
- Ferdinand lässt den Einwand nicht gelten, beteuert seine Liebe und plant die Flucht mit Luise
- Angesichts der Bedenken, die auch Luise hegt, beginnt Ferdinand an deren Liebe zu zweifeln
- Der Präsident möchte Ferdinand mit Lady Milford, der „Favoritin des Fürsten", verheiraten, um seine Machtposition am Hof zu stärken
- Sekretär Wurm, der sich ebenfalls Hoffnungen auf Luise macht, verabredet mit dem Präsidenten von Walter eine Intrige, um Ferdinand von seinen Plänen abzubringen
- Sie lassen Miller und seine Frau verhaften und erpressen Luise mit der Drohung der Hinrichtung ihrer Eltern dazu, einen Liebesbrief an Hofmarschall von Kalb zu schreiben und ihre Urheberschaft an dem Brief zu beschwören
- Lady Milford ruft Luise zu sich, um ihrer Nebenbuhlerin die Aussichtslosigkeit der Liebe zu Ferdinand klarzumachen
- Im Gespräch wird sie zunehmend beeindruckt von Luises Charakter und entschließt sich zum Verzicht auf Ferdinand
- Sie verzichtet auf ihre Stellung bei Hof, verteilt ihre Habe unter ihrer Dienerschaft und verlässt das Herzogtum, um künftig tugendhaft zu leben
- Ferdinand, der bereits Zweifel an Luises Liebe hegt, wird Luises Brief zugespielt
- Luise schweigt, gebunden durch ihren Eid, zu Ferdinands Vorwürfen, ihre Liebe verraten zu haben
- Sie erwägt den Freitod, nimmt aber aufgrund von Vorhaltungen ihres Vaters davon Abstand
- Ferdinand vergiftet sich und Luise, die ihm sterbend die Wahrheit offenbart
- Im Angesicht des Todes vergibt Ferdinand seinem Vater, der sich daraufhin, ebenfalls geläutert, in den Gewahrsam des Gerichtes begibt

Erstellen Sie einen Textbaustein zum Inhalt des Werkes:

....

....

....

....

....

....

....

....

....

....

....

....

....

....

....

....

....

2.2 *Inhalt 1. Akt*

- Hofmusikant Miller unterhält sich mit seiner Frau über die Beziehung ihrer Tochter Luise zu Ferdinand von Walter.
- Miller zweifelt an der Ernsthaftigkeit der Absichten Ferdinands angesichts des Standesunterschieds; fürchtet Entehrung der Tochter
- Sekretär Wurm bittet Miller um Hilfe bei seinem Werben um Luise; Miller lehnt ab
- Luise gesteht den Eltern ihre Liebe zu Ferdinand
- Ferdinand besucht Luise; auf ihre Bedenken wegen des Standesunterschieds reagiert er mit erneuter Beteuerung seiner Liebe

- Sekretär Wurm informiert den Präsidenten über die Beziehung Ferdinands zu Luise
- Präsident von Walter hat für seinen Sohn die Verheiratung mit Lady Milford vorgesehen; von dieser Verbindung verspricht er sich die Vergrößerung seines Einflusses bei Hof
- Wurm schlägt vor, die geplante Heirat bereits bekannt zu geben
- Ferdinand und sein Vater geraten in Streit über Methoden der Herrschaft; Ferdinand lehnt die Intrigen des Vaters ebenso ab wie die Heirat mit Lady Milford
- Von Walter befiehlt seinem Sohn den Besuch bei Lady Milford

Erstellen Sie einen Textbaustein zum Inhalt des 1. Akts:

2.3 *Inhalt 2. Akt*

- Lady Milford verrät ihrer Zofe, dass sie den Sohn des Präsidenten liebe und die Vermählung mit ihm plane
- Ein Diener überbringt ihr Brillanten als Geschenk des Fürsten
- Die Lady erfährt von deren Finanzierung durch den Verkauf von Kindern als Soldaten für den amerikanischen Bürgerkrieg; sie beschließt, die Steine wieder zu verkaufen und den Erlös für wohltätige Zwecke zu spenden
- Ferdinand stattet der Lady den befohlenen Besuch ab; er trägt dabei eine abweisende Haltung deutlich zur Schau
- Als Lady Milford ihm vom Schicksal ihrer Familie, ihrer Flucht aus England und ihrem mäßigenden Einfluss auf den Herzog berichtet, ändert sich Ferdinands Verhalten
- Er zeigt sich nun beeindruckt von ihrem Charakter und enthüllt ihr seine Liebe zu Luise
- Ein Diener des Ministers fragt nach Miller, wodurch dieser stark beunruhigt wird
- Er wirft seiner Frau vor, dem Sekretär Wurm die Beziehung Luises zu Ferdinand verraten zu haben und fürchtet Sanktionen
- Die Befürchtungen in Ungnade zu fallen werden noch gesteigert, als Ferdinand einen Besuch seines Vaters ankündigt
- Der Präsident kommt in das Haus Miller, beschimpft Luise als Hure und befiehlt den Gerichtsdiener, das Mädchen in Gewahrsam zu nehmen
- Als Ferdinand droht zu verraten, auf welche Weise sein Vater das Präsidentenamt erlangt hat, befiehlt von Walter seinen Schergen, Luise freizugeben

Erstellen Sie einen Textbaustein zum Inhalt des 2. Akts:

....

....

....

....

....

....

....

....

....

2.4 *Inhalt 3. Akt*

- Wurm schlägt dem Präsidenten eine Intrige vor: Miller und seine Frau sollen verhaftet werden, um Luise zu zwingen, einen Liebesbrief an Hofmarschall von Kalb zu schreiben
- Die Millers werden festgesetzt
- Von Kalb wird in den Plan eingeweiht und erklärt sich bereit mitzumachen
- Ferdinand schlägt Luise vor gemeinsam zu fliehen
- Aus Sorge um ihren Vater lehnt sie ab
- Sie äußert Ferdinand gegenüber Zweifel daran, dass sich ihre Liebe angesichts der mächtigen Gegenspieler erfüllen kann und erwägt die Trennung
- Ferdinand missdeutet Luises Bedenken und vermutet, dass sie einen anderen liebt
- Wurm teilt Luise die Festnahme der Eltern mit und eröffnet ihr, wie sie ihre Eltern retten kann
- Widerstrebend lässt sich Luise den Liebesbrief an von Kalb diktieren und beschwört seine Echtheit

Erstellen Sie einen Textbaustein zum Inhalt des 3. Akts:

2.5 Inhalt 4. Akt

- Ferdinand hat den Liebesbrief gefunden, hält ihn für echt und gerät in höchste Erregung
- Er stellt den Hofmarschall zur Rede, droht mit der Forderung nach Genugtuung
- Von Kalb setzt dazu an, die Intrige zu verraten; Ferdinand kann die Anspielungen in seiner Erregung nicht richtig deuten
- Ferdinand beschließt Luise und sich selbst zu töten; im Tod soll sich seine Liebe zu Luise verwirklichen
- Als Ferdinand seinen Vater trifft, tut er ihm Abbitte für seine –wie er nach Lektüre des fingierten Briefes meint- falschen und undankbaren Vorhaltungen
- Der Präsident gibt vor, Luise nun als Schwiegertochter zu akzeptieren
- Lady Milford empfängt Luise; sie legt ihren schönsten Schmuck an, um der Musikertochter ihre Überlegenheit zu zeigen
- Luise tritt bescheiden auf und begegnet den Vorwürfen der Lady, sie sei eitel, mit Ruhe und Ironie
- Lady Milford droht Luise, um sie zum Verzicht auf den Geliebten zu bewegen
- Die Musikertochter geht nicht darauf ein, bietet aber an, Ferdinand freizugeben; der Preis des Verzichts sei aber, dass die Verbindung der Lady mit Ferdinand dann durch den Selbstmord Luises belastet sei
- Das Auftreten der Rivalin beeindruckt und beschämt Lady Milford; sie entschließt sich

dazu, künftig tugendhaft zu handeln und auf eine Position bei Hof zu verzichten

- Sie verteilt ihr Vermögen unter ihrer Dienerschaft und reist ab

Erstellen Sie einen Textbaustein zum Inhalt des 4. Akts:

....

....

....

....

....

....

....

....

....

....

....

....

....

....

....

2.6 Inhalt 5. Akt

- Luise will Selbstmord begehen
- Ihr Vater beschwört sie um seiner Liebe willen davon abzulassen
- Luise lässt sich durch die Worte Millers umstimmen
- Ferdinand fragt Luise, ob sie den Brief geschrieben habe; sie bejaht in offenkundiger Verzweiflung
- Ferdinand ignoriert Luises Gewissensqualen; er sieht seine Enttäuschung bestätigt und fühlt sich durch Luise betrogen

- Ferdinand gibt Miller, um sein Gewissen zu beruhigen, eine beträchtliche Summe Gold, vorgeblich als Entgelt für Flötenunterricht
- Er schickt den Musiker mit einem Brief zum Präsidenten und vergiftet sich und Luise, indem er Arsen in ein Glas Limonade schüttet
- Im Sterben fühlt Luise sich nicht mehr an ihren Eid gebunden und sagt Ferdinand die Wahrheit; sie stirbt
- Mit letzter Kraft stellt Ferdinand seinen Vater und Wurm zur Rede
- Der Präsident verweist zunächst auf seinen Sekretär als Urheber der Intrige, bekennt aber schließlich seine Schuld und begibt sich in den Gewahrsam des Gerichts
- Sterbend reicht Ferdinand seinem Vater die Hand, was dieser als Geste des Vergebens deutet

Erstellen Sie einen Textbaustein zum Inhalt des 5. Akts:

....

....

....

....

....

....

....

....

....

....

....

....

....

....

....

....

2.7 *Literaturgeschichtliche Einordnung*

- Gesellschaftliche Strukturen, die der Selbstverwirklichung des Subjekts entgegen stehen, geraten in die Kritik
- Dramen des Sturm und Drang thematisieren häufig den Konflikt des schöpferischen, autonomen Individuums mit der politischen Ordnung
- Unterstützung und theoretische Begründung erhält die Auflehnung gegen autokratische Machtstrukturen durch die Philosophie der Aufklärung
- Sie fordert Orientierung an der Vernunft, sowohl erkenntnistheoretisch wie bezüglich der Grundlagen des Staatsaufbaus
- Staat und Rechtsordnung sollen sich aus dem Naturrecht ableiten; das Individuum soll umfangreiche Freiheiten erhalten
- Das Drama des Sturm und Drang thematisiert häufig den Konflikt des Individuums mit der politisch-gesellschaftlichen Ordnung
- Kabale und Liebe als Werk des Sturm und Drang:
  - Kritik am Absolutismus
  - Betonung des Rechts auf Selbstverwirklichung
  - Ablehnung der Standesschranken
  - Ferdinand als leidenschaftlicher „Stürmer und Dränger", dem sein Empfinden, sein „Herz", als Handlungsmaxime gilt

Erstellen Sie einen Textbaustein zur literaturgeschichtlichen Einordnung des Dramas:

....

....

....

....

....

....

....

....

....

....

....

2.8 Biografischer und historischer Hintergrund

- Der Konflikt Schillers mit dem despotischen Herzog Karl Eugen von Württemberg:
  - Der Herzog, bei dem Schillers Vater als Militärarzt in Diensten steht, besteht gegen den Willen Schillers und seiner Eltern für den jungen Schiller auf einer Ausbildung an der Militärakademie
  - Als Schiller ohne Urlaubsgenehmigung nach Mannheim zu einer Aufführung der Räuber reist, wird er mit 14 Tagen Arrest bestraft
  - Als der Herzog wegen kritischer Passagen in den Räubern Schiller die Schriftstellerei untersagt, flieht der Dichter aus dem Machtbereich des Herzogs
- Soldatenhandel in Schillers Zeit
  - Zur Finanzierung der Herrschaftsbedürfnisse verkauften oder vermieteten die Fürsten –auch Karl Eugen– Untertanen als Soldaten ins Ausland
  - Schillers Vater diente in einem Söldnerregiment, das in Württemberg rekrutiert wurde und für Frankreich im Siebenjährigen Krieg kämpfte
- Mätressenwesen
  - In Schillers Zeit war es üblich, dass Adelige sich Mätressen hielten; die Frauen wurden mit hohen Geldsummen und Schmuck gekauft und ersetzt, wenn die Fürsten ihrer überdrüssig waren
  - Franziska von Leutrum, die zunächst Karl Eugens Mätresse, dann seine Ehefrau wurde, gilt wegen des mäßigenden Einflusses, den sie auf den Despotismus des Herzogs ausgeübt haben soll, als Vorbild für die Figur der Lady Milford; sie war beim Volk sehr beliebt
- Absolutistische Willkür
  - Der Dichter Christian Friedrich Daniel Schubart wurde Opfer der Willkürherrschaft des württembergischen Herzogs. Karl Eugen ließ ihn wegen der Herausgabe einer

oppositionellen Zeitschrift im Jahr 1877 verhaften und ohne Gerichtsurteil in der Festung Hohenasperg festsetzen

- Eine Intrige am württembergischen Hof
  - Graf von Montmartin, ein hoher Beamter am württembergischen Hof, fälschte Briefe eines Rivalen um die Position des Ministers
  - Dieser wurde im Jahr 1762 wegen fingierter Kontakte zum Ausland ins Gefängnis geworfen
  - Der skrupellose Machtpolitiker könnte Vorbild für die Figur des Präsidenten gewesen sein

Erstellen Sie Textbausteine zum biografischen und historischen Hintergrund des Dramas:

2.9 *Charakterisierung Ferdinand von Walter*

- Ferdinand ist Sohn des Präsidenten von Walter, der für ihn eine Karriere bei Hof vorgesehen hat
- Er hat eine militärische Ausbildung genossen und trägt den Dienstgrad eines Majors
- Sein Denken ist geprägt durch die Ideen der Aufklärung
- Politisches Ränkespiel lehnt er ab; die Herrschaftsmethoden des Vaters verachtet er
- Der Absolutismus ist in seinen Augen eine ungerechte politische Ordnung, die Abgrenzung der Stände gegeneinander unnatürlich
- Eine Anpassung seines Handelns an die bestehende gesellschaftliche Ordnung kommt für ihn nicht infrage; darin liegt ein Moment der Weltfremdheit
- Sein Charakter ist aufbrausend, leidenschaftlich, ichbezogen
- Gesellschaftlich steht er zwischen den Ständen: Die Intrigen des eigenen Standes sind ihm zuwider, die Vertreter des Bürgertums bezweifeln die Aufrichtigkeit seines Handelns
- Die Liebe zu Luise setzt er absolut; ihre Bedenken deutet er als Indizien dafür, dass sie ihn nicht (mehr) liebt
- Eifersüchtig zweifelt er zunehmend daran, dass seine Liebe erwidert wird
- Als er sich betrogen sieht, fühlt er sich zur Rache berechtigt und leitet so die tragische Wendung der Handlung ein

Charakterisieren Sie Ferdinand von Walter:

....

....

....

....

....

....

....

....

....

....

2.10 *Charakterisierung Luise Miller*

- Sie ist umfassend gebildet, drückt sich sprachlich gewählt, auch ironisch aus
- Lebt mit ihren Eltern, die sie liebt, in bürgerlichen Verhältnissen und verkörpert die religiösen und moralischen Werte des Bürgertums
- Ihre Eltern, besonders ihr Vater, zu dem sie eine enge Beziehung hat, nehmen großen Einfluss auf ihr Leben:
  - Des Vaters Bedenken wegen der nicht standesgemäßen Verbindung mit Ferdinand beeinflussen sie
  - Aus Liebe zum Vater verzichtet sie auf die Flucht mit Ferdinand
  - Sie lässt sich durch ihn vom beabsichtigten Selbstmord abbringen
  - Um ihre Eltern zu retten schreibt sie den falschen Liebesbrief
- Sie ist fest in ihren Stand eingebunden; ihre Eltern ziehen ihre Verheiratung mit dem Sekretär Wurm in Betracht
- Seit einiger Zeit wird sie von Ferdinand, dem Sohn des Präsidenten von Walter, geliebt und erwidert seine Liebe
- Zugleich wird sie von Skrupeln wegen des Standesunterschiedes zwischen den Liebenden geplagt
- Sie verfügt über ein klares Bewusstsein von den gesellschaftlichen Realitäten und zweifelt deshalb an den Chancen ihrer Liebe
- Ihr Handeln ist geprägt vom Konflikt zwischen der moralischen Verpflichtung ihren Eltern gegenüber und ihrer Liebe zu Ferdinand
- Bereits zu Beginn des Dramas ahnt sie, dass die Standesschranken so mächtig sind, dass ihre Liebe erst im Tod ihre Erfüllung finden wird

Charakterisieren Sie Luise Miller:

....

....

....

....

....

....

....

....

....

....

....

....

....

....

....

2.11 Charakterisierung Präsident von Walter

- Präsident von Walter, Ferdinands Vater, ist ein hoher Beamter am Hof des Fürsten
- Ist durch den Mord an seinem Vorgänger in sein Regierungsamt gekommen
- Als kalter Machtpolitiker scheut er illegale Handlungen und Intrigen ebenso wenig wie sein Fürst, der absolutistisch und grausam herrscht
- Sein Wesen ist herrisch, berechnend und egoistisch
- Persönliche Beziehungen ordnet er seinen Machtinteressen unter
- Bezieht ganz selbstverständlich seinen Sohn in sein Machtkalkül ein und plant dessen Verheiratung mit Lady Milford
- Die Liebe des Sohnes zu Luise ist ihm gleichgültig
- Vatergefühle zeigt er erst, als Ferdinand im Sterben liegt
- Am Ende bereut er seine Verbrechen und stellt sich dem Gericht

Charakterisieren Sie Präsident von Walter:

2.12 *Charakterisierung Lady Milford*

- Als Johanna von Norfolk in England aufgewachsen
- Am Tag der Hinrichtung ihres Vaters Thomas von Norfolk wegen Hochverrats starb auch die Mutter
- Johanna ist nach Deutschland geflohen und Mätresse des Fürsten geworden
- Das mit der Tötung der Eltern und ihrer Vertreibung aus England erlebte Leid ließ den Wunsch nach einer gesicherten Stellung bei Hof in ihr wachsen
- Dass sie trotz ihrer Herkunft aus einem Fürstengeschlecht Konkubine des Fürsten ist, belastet ihr Gewissen
- Sie hält sich zugute, dass sie mäßigend auf die fürstliche Neigung zur Tyrannei einwirkt und so dem Land einen Dienst erweist

- Insgeheim liebt sie Ferdinand; sie ist die im Hintergrund wirkende eigentliche Urheberin des Heiratsplanes, den der Präsident für seinen Sohn entworfen hat
- Ihr Charakter hat zwei Seiten:
    - Eine eitle, oberflächliche, die den Überfluss am Fürstenhof schätzt
    - Eine innere, aufrichtige, die Gutes tun und ein Leben nach moralischen Grundsätzen führen will
- Auch ihr Verhältnis zur absolutistischen Staatsmacht ist widersprüchlich: Sie schätzt zwar den Luxus des Lebens am Hof, steht aber andererseits auf der Seite der Armen
- Sie erfährt von Ferdinand, dass er Luise liebt; hält dennoch –auch aus Prestigegründen– zunächst an ihrem Heiratsvorhaben fest
- Aufgrund des Gesprächs mit Luise gibt sie Ferdinand auf und entschließt sich zu einem Handeln im Einklang mit ihren eigentlichen Wertvorstellungen
- Für ihren Entschluss zu sittlichem Handeln opfert sie ihre Position bei Hof, verschenkt ihre Habe an die Dienerschaft und verlässt das Land

Charakterisieren Sie Lady Milford:

....

....

....

....

....

....

....

....

....

....

....

....

....

....

....

2.13 Die Theaterkonzeption Friedrich Schillers

Lesen Sie den folgenden Auszug aus Schillers Vortrag aus dem Jahr 1784 „Die Schaubühne als eine moralische Anstalt betrachtet" (Quelle z.B. http://gutenberg.spiegel.de/buch/3328/1) und stellen Sie dar, welche Funktion Schiller dem Theater zuschreibt.

„ .... Gesetze hemmen nur Wirkungen, die den Zusammenhang der Gesellschaft auflösen – Religion befiehlt solche, die ihn inniger machen. Jene herrschen nur über die offenbaren Äußerungen des Willens, nur Taten sind ihnen untertan – diese setzt ihre Gerichtsbarkeit bis in die verborgensten Winkel des Herzens fort und verfolgt den Gedanken bis an die innerste Quelle. .... Welche Verstärkung für Religion und Gesetze, wenn sie mit der Schaubühne in Bund treten, wo Anschauung und lebendige Gegenwart ist, wo Laster und Tugend, Glückseligkeit und Elend, Torheit und Weisheit in tausend Gemälden fasslich und wahr an dem Menschen vorübergehen, wo die Vorsehung ihre Rätsel auflöst, ihren Knoten vor seinen Augen entwickelt, wo das menschliche Herz auf den Foltern der Leidenschaft seine leisesten Regungen beichtet, alle Larven fallen, alle Schminke verfliegt und die Wahrheit unbestechlich .... Gericht hält.

Die Gerichtsbarkeit der Bühne fängt an, wo das Gebiet der weltlichen Gerichte sich endigt. Wenn die Gerechtigkeit für Gold verblindet und im Solde der Laster schwelgt, wenn die Frevel der Mächtigen ihrer Ohnmacht spotten und Menschenfurcht den Arm der Obrigkeit bindet, übernimmt die Schaubühne Schwert und Wage und reißt die Laster vor einen schrecklichen Richterstuhl. .... So gewiss sichtbare Darstellung mächtiger wirkt, als toter Buchstabe und kalte Erzählung, so gewiss wirkt die Schaubühne tiefer und dauernder als Moral und Gesetze. ....

Die Schaubühne ist mehr als jede andere öffentliche Anstalt des Staats eine Schule der praktischen Weisheit, ein Wegweiser durch das bürgerliche Leben, ein unfehlbarer Schlüssel zu den geheimsten Zugängen der menschlichen Seele. Ich gebe zu, dass Eigenliebe und Abhärtung des Gewissens nicht selten ihre beste Wirkung vernichten, dass sich noch tausend Laster mit frecher Stirne vor ihrem Spiegel behaupten, tausend gute Gefühle vom kalten Herzen des Zuschauers fruchtlos zurückfallen – ich selbst bin der Meinung, dass vielleicht Molières Harpagon noch keinen Wucherer besserte, dass der Selbstmörder Beverley noch wenige seiner Brüder von der abscheulichen Spielsucht zurückzog, dass Karl Moors unglückliche Räubergeschichte die Landstraßen nicht viel sicherer machen wird – aber wenn wir auch diese große Wirkung der Schaubühne einschränken, wenn wir so ungerecht sein wollen, sie gar aufzuheben – wie unendlich viel bleibt noch von ihrem Einfluss zurück? Wenn sie die Summe der Laster weder tilgt noch vermindert, hat sie uns nicht mit denselben bekannt gemacht? – Mit diesen Lasterhaften, diesen Toren müssen wir leben. Wir müssen ihnen ausweichen oder begegnen; wir müssen sie untergraben oder ihnen unterliegen. Jetzt aber überraschen sie uns nicht mehr. Wir sind auf ihre Anschläge vorbereitet. Die Schaubühne hat uns das Geheimnis verraten, sie ausfindig und unschädlich zu machen. ....

.... Menschlichkeit und Duldung fangen an, der herrschende Geist unsrer Zeit zu werden; ihre Strahlen sind bis in die Gerichtssäle und noch weiter – in das Herz unsrer Fürsten gedrungen. Wie viel Anteil an diesem göttlichen Werk gehört unsern Bühnen? Sind sie es nicht, die den Menschen mit dem Menschen bekannt machten und das geheime Räderwerk aufdeckten, nach welchem er handelt?

.... Nicht weniger ließen sich – verstünden es die Oberhäupter und Vormünder des Staats – von der Schaubühne aus die Meinungen der Nation über Regierung und Regenten zurechtweisen. Die gesetzgebende Macht spräche hier durch fremde Symbole zu dem Untertan, verantwortete sich gegen seine Klagen, noch ehe sie laut werden, und bestäche seine Zweifelsucht, ohne es zu scheinen. Sogar Industrie und Erfindungsgeist könnten und würden vor dem Schauplatz Feuer fangen, wenn die Dichter es der Mühe wert hielten, Patrioten zu sein, und der Staat sich herablassen wollte, sie zu hören.

....

Die Schaubühne ist die Stiftung, wo sich Vergnügen mit Unterricht, Ruhe mit Anstrengung, Kurzweil mit Bildung gattet, wo keine Kraft der Seele zum Nachtheil der andern gespannt, kein Vergnügen auf Unkosten des Ganzen genossen wird. Wenn Gram an dem Herzen nagt, wenn trübe Laune unsere einsamen Stunden vergiftet, wenn uns Welt und Geschäfte anekeln, wenn tausend Lasten unsre Seele drücken und unsre Reizbarkeit unter Arbeiten des Berufs zu ersticken droht, so empfängt uns die Bühne – in dieser künstlichen Welt träumen wir die wirkliche hinweg, wir werden uns selbst wieder gegeben, unsre Empfindung erwacht, heilsame Leidenschaften erschüttern unsre schlummernde Natur und treiben das Blut in frischeren Wallungen. Der Unglückliche weint hier mit fremdem Kummer seinen eignen aus – der Glückliche wird nüchtern und der Sichere besorgt. Der empfindsame Weichling härtet sich zum Manne, der rohe Unmensch fängt hier zum erstenmal zu empfinden an. Und dann endlich – welch ein Triumph für dich, Natur! – so oft zu Boden getretene, so oft wieder auferstehende Natur! – wenn Menschen aus allen Kreisen und Zonen und Ständen, abgeworfen jede Fessel der Künstelei und der Mode, herausgerissen aus jedem Drange des Schicksals, durch eine allwebende Sympathie verbrüdert, in ein Geschlecht wieder aufgelöst, ihrer selbst und der Welt vergessen und ihrem himmlischen Ursprung sich nähern. Jeder Einzelne genießt die Entzückungen aller, die verstärkt und verschönert aus hundert Augen auf ihn zurückfallen, und seine Brust gibt jetzt nur einer Empfindung Raum – es ist diese: ein Mensch zu sein.

- Schiller erläutert in dem Vortrag seine Vorstellungen von Theater, die auch dem fast zeitgleich entstandenen Drama „Kabale und Liebe“ zugrunde liegen
- Aufgabe der Schaubühne ist es, die Handlungsorientierung, die das Gesetz durch Verbote und damit *negativ* bereitstellt, um *positive* Leitlinien für das Zusammenleben zu ergänzen, analog zur Funktion der Religion
- Die *„Gerichtsbarkeit der Bühne“* gewährleistet die Aufrechterhaltung moralischer Ideale auch dort, wo *„Gerechtigkeit für Gold verblindet“*, d.h. das Recht korrumpiert wird, und wirkt durch *„sichtbare Darstellung...tiefer und dauernder als Moral und Gesetze“*
- Das Theater kann Fehlverhalten nicht unbedingt verhindern, aber doch entsprechende Wachsamkeit fördern (*„Schule der praktischen Weisheit“*)
- Die Schaubühne fördert Toleranz und beeinflusst die öffentliche Meinung: *„Menschlichkeit und Duldung fangen an, der herrschende Geist unserer Zeit zu werden...“*
- Die Bühne schärft die Sinne und bildet, indem sie *„Vergnügen mit Unterricht ...gattet“*
- Das Theater führt den Menschen das Wesentliche ihrer Existenz vor Augen: *„ ... in dieser künstlichen Welt träumen wir die wirkliche hinweg, wir werden uns selbst wieder gegeben.“*
- Höchste Leistung der Schaubühne ist deshalb die Vermittlung der Empfindung *„ein Mensch zu sein“*

Erstellen Sie einen Textbaustein zur Theaterkonzeption Friedrich Schiller:

2.14 *Der Aufbau des Dramas*

- Anders als viele Dichter des *Sturm und Drang*, die mit den Regeln der traditionellen Dichtkunst sehr frei umgehen, legt Schiller seinem Drama einen strengen Aufbau zugrunde
- Die Dramenstruktur weist Parallelen zum „*pyramidalen Bau*“ des Dramas nach dem klassischen, aristotelischen Modells auf, den der Literaturwissenschaftler Gustav Freytag 1863 in seinem Lehrbuch „*Technik des Dramas*“ beschreibt

1. Akt *Exposition:* Vorstellung der Protagonisten, der Liebesbeziehung, des zentralen Konfliktes zwischen Adel und Bürgertum
2. Akt *Steigende Handlung*: Gefahren für die Liebe, Zweifel, Konflikt zwischen den Ständen, Widerstand des Präsidenten
3. Akt *Höhepunkt mit Peripetie*: Planung der Intrige, Ankündigung der Katastrophe
4. Akt *Fallende Handlung und Retardierendes Moment*: Zuspitzung des Konflikts, Sichtbarwerden von Wirkungen der Intrige, Andeutung von Hoffnung für die Liebe (Szene IV,7 Lady Milford und Luise)
5. Akt *Katastrophe*: Lösung des Konflikts durch Untergang der Protagonisten

- Eingehalten wird auch das klassische Prinzip der Einheit der Zeit: Die Handlung spielt sich innerhalb weniger Stunden ab
- Abweichend vom aristotelischen Aufbau findet die Handlung an wechselnden Schauplätzen statt:
  - Der Wechsel zwischen den Schauplätzen *Zimmer beim Musikus* und *Saal beim Präsidenten* stellt die Welt des Bürgertums derjenigen des Adels gegenüber und unterstreicht die Darstellung des Gegensatzes zwischen diesen Welten
  - Die Szenen mit Lady Milford spielen im *Palais der Lady Milford*
- Das Prinzip der Einheit der Handlung wird, anders als im klassischen Modell, nicht streng umgesetzt: Die Milford-Handlung kann als Nebenhandlung gesehen werden
- Die Ständeklausel des klassischen Dramas (d.h. dass die handelnden Personen demselben gesellschaftlichen Stand angehören) kann in einem Drama, das den Konflikt zwischen den Ständen Adel und Bürgertum behandelt, nicht gelten

Erstellen Sie einen Textbaustein zum Aufbau des Dramas:

....

....

....

....

....

....

....

....

....

2.15 *Sprachliche Ebenen in Kabale und Liebe*

- Sprache verdeutlicht den Grundkonflikt zwischen Adel und Bürgertum
- Sprache des Bürgertums ist einfach, unverschnörkelt, direkt und oft derb
- Sie charakterisiert besonders die Eheleute Miller
- Miller spricht *„Teutsch und verständlich"* (S.49, Z. 14 f.), bildhaft-vulgär: *„Willst das Violoncello am Hirnkasten wissen?"*(S.9, Z.29 f.)
- Nuancen in der Charakterisierung: Einfachere, z.T. falsch verwendete Sprache der Frau Miller (*„Herr Sekertare"*); der Musikus dagegen ist zur Ironie fähig *"Solang der Hof da noch Vorrat hat* (i.e. an Buhlschaften), *kommt die Lieferung nicht an uns Bürgersleut"* (S.49, Z. 6 ff.)
- Sprache des Adels: Höfische Sprache, arrogant, manchmal befehlend, Gebrauch von (meist französischen) Fremdwörtern: *„Schließt sich die Farce mit einem gesunden Enkel- Unvergleichlich"* (S.18, Z.11 f.) *„Legt Hand an im Namen des Herzogs-"*(S.50, Z. 30)
- Sie charakterisiert besonders den Präsidenten, Hofmarschall von Kalb, z.T. auch Ferdinand und Lady Milford
- Sekretär Wurm spricht die Sprache des Bürgertums, dem er entstammt, vermischt mit der distanzierten Sprache des Hofes
- Lady Milford wechselt zwischen dem höfischen Idiom und ungekünstelter Natürlichkeit
- Sprache dient auch zur Verdeutlichung des jeweiligen Gemütszustandes der handelnden Personen (Erregung, abgehacktes Sprechen usw.)

- Die Sprache der Liebenden vereint standestypische Elemente mit Elementen des Pathos (Ferdinand) und schlichter Empfindsamkeit (Luise)

Stellen Sie in einem Textbaustein die sprachlichen Ebenen des Dramas dar:

2.16 Textauszug Szene I/4

Ferdinand von Walter. Luise.
Er fliegt auf sie zu – sie sinkt entfärbt und matt auf einen Sessel – er bleibt vor ihr stehn – sie sehen sich eine Zeitlang stillschweigend an. Pause.

Ferdinand Du bist blass, Luise?

Luise *steht auf und fällt ihm um den Hals.* Es ist nichts! Nichts! Du bist ja da. Es ist vorüber.

Ferdinand *ihre Hand nehmend und zum Munde führend.* Und liebt mich meine Luise noch? Mein Herz ist das gestrige, ist's auch das deine noch? Ich fliege nur her, will sehen, ob du heiter bist, und gehn und es auch sein – Du bist's nicht.

Luise Doch, doch, mein Geliebter.

Ferdinand Rede mir Wahrheit. Du bist's nicht. Ich schau durch deine Seele, wie durch das klare Wasser dieses Brillanten. *Zeigt auf seinen Ring.* Hier wirft sich kein Bläschen auf, das ich nicht merkte – kein Gedanke tritt in dies Angesicht, der mir entwischte. Was hast du? Geschwind! Weiß ich nur diesen Spiegel helle, so läuft keine Wolke über die Welt. Was bekümmert dich?

Luise *sieht ihn eine Weile stumm und bedeutend an, dann mit Wehmut.* Ferdinand! Ferdinand! Dass du doch wüsstest, wie schön in dieser Sprache das bürgerliche Mädchen sich ausnimmt –

Ferdinand Was ist das? *Befremdet.* Mädchen! Höre! wie kommst du auf das? – Du bist meine Luise. Wer sagt dir, dass du noch etwas sein solltest? Siehst du, Falsche, auf welchem Kaltsinn ich dir begegnen muss. Wärest du ganz nur Liebe für mich, wann hättest du Zeit gehabt, eine Vergleichung zu machen? Wenn ich bei dir bin, zerschmilzt meine Vernunft in einen Blick – in einen Traum von dir, wenn ich weg bin, und du hast noch eine Klugheit neben deiner Liebe? – Schäme dich! Jeder Augenblick, den du an diesen Kummer verlorst, war deinem Jüngling gestohlen.

Luise *fasst seine Hand, indem sie den Kopf schüttelt.* Du willst mich einschläfern, Ferdinand – willst meine Augen von diesem Abgrund hinweglocken, in den ich ganz gewiss stürzen muss. Ich seh' in die Zukunft – die Stimme des Ruhms – deine Entwürfe – dein Vater – mein Nichts. *Erschrickt und lässt plötzlich seine Hand fahren.* Ferdinand! Ein Dolch über dir und mir! – Man trennt uns!

Ferdinand Trennt uns! *Er springt auf.* Woher bringst du diese Ahnung, Luise? Trennt uns? – Wer kann den Bund zweier Herzen lösen, oder die Töne eines Accords auseinander reißen? – Ich bin ein Edelmann – Lass doch sehen, ob mein Adelbrief älter ist, als der Riss zum unendlichen Weltall? oder mein Wappen gültiger, als die Handschrift des Himmels in Luisens Augen: dieses Weib ist für diesen Mann? – Ich bin des Präsidenten Sohn. Eben darum. Wer, als die Liebe, kann mir die Flüche versüßen, die mir der Landeswucher meines Vaters vermachen wird?

Luise O wie sehr fürcht' ich ihn – diesen Vater!

Ferdinand Ich fürchte nichts – nichts – als die Grenzen deiner Liebe. Lass auch Hindernisse wie Gebirge zwischen uns treten, ich will sie für Treppen nehmen und drüber hin in Luisens Arme fliegen. Die Stürme des widrigen Schicksals sollen meine Empfindung emporblasen, Gefahren werden meine Luise nur reizender machen. – Also nichts mehr von Furcht, meine Liebe. Ich selbst – ich will über dir wachen, wie der Zauberdrach über unterirdischem Golde – Mir vertraue dich! Du brauchst keinen Engel mehr – Ich will mich zwischen dich und das Schicksal werfen – empfangen für dich jede Wunde – auffassen für dich jeden Tropfen aus dem Becher der Freude – dir ihn bringen in die Schale der Liebe. *Sie zärtlich umfassend.* An diesem Arm soll meine Luise durchs Leben hüpfen; schöner, als er dich von sich ließ, soll der Himmel dich wieder haben und mit Verwunderung eingestehn, dass nur die Liebe die letzte Hand an die Seelen legte –

Luise *drückt ihn von sich, in großer Bewegung.* Nichts mehr! Ich bitte dich, schweig! – Wüsstest du

– Lass mich – du weißt nicht, dass deine Hoffnungen mein Herz wie Furien anfallen. *Will fort.*

Ferdinand *hält sie auf.* Luise? Wie! Was! Welche Anwandlung?

Luise Ich hatte diese Träume vergessen und war glücklich – Jetzt! jetzt! von heut an – der Friede meines Lebens ist aus – Wilde Wünsche – ich weiß es – werden in meinem Busen rasen. – Geh – Gott vergebe dir's – Du hast den Feuerbrand in mein junges, friedsames Herz geworfen, und er wird nimmer, nimmer gelöscht werden. *Sie stürzt hinaus. Er folgt ihr sprachlos nach.*

Fassen Sie den Inhalt der Szene für die anschließende Interpretation zusammen:

....

....

....

....

....

....

....

....

....

....

....

....

....

....

....

....

....

....

....

....

2.17 Interpretation Szene I, 4

- Die Szene ist Teil der Exposition
- In den Szenen 1-3 wird dem Zuschauer die Verbindung Ferdinand-Luise aus der Sicht der Eltern und des Sekretärs Wurm vorgestellt
- In der vorliegenden Szene treten die Liebenden erstmals gemeinsam auf
- Deutlich werden die unterschiedlichen Charaktere der Protagonisten, der unterschwellige Gegensatz ihres Denkens
- Luise liebt Ferdinand, denkt zugleich realistisch, sieht die Probleme, die ihrer Liebe wegen des Standesunterschiedes drohen, ist ängstlich, pessimistisch, betrachtet sich und ihren Geliebten als machtlos, zeigt sich durch Ferdinands ungestüme Liebesbeteuerungen stark verunsichert
- Die Verwendung sprachlicher Bilder (*„einschläfern“, „Abgrund“*) illustriert ihre Verunsicherung
- Ferdinand setzt die Liebe absolut, bekennt sich leidenschaftlich zu ihr als einem Menschenrecht, sieht sich als *„Edelmann“*, der sein Schicksal aktiv gestalten kann
- Er lässt Luises Bedenken nicht gelten, fordert von ihr Bekenntnis zu ihrer Liebe, missdeutet ihre Zweifel als Verrat
- Rhetorische Fragen in Verbindung mit einem Chiasmus[1] im Satzbau drücken seine bedingungslose Liebe aus: *„Wenn ich bei dir bin, zerschmilzt meine Vernunft in einen Blick - in einen Traum von dir, wenn ich weg bin; und du hast noch eine Klugheit neben deiner Liebe?“*
- Luise klagt darüber, dass sie durch die Liebe zu Ferdinand in ihrem Selbstverständnis als Bürgerliche verunsichert wird (*„wilde Wünsche“, „Feuerbrand“*)

Einige Textbelege für Luises Gefühlslage und Charakter:

- Regieanweisungen *„entfärbt und matt“, „sieht ihn eine Weile stumm und bedeutend an, dann mit Wehmut“*
- Ihre Unsicherheit wird deutlich durch ihr parataktisches, abgehacktes Sprechen: *„Es ist nichts. Nichts. Es ist vorüber.“*
- Ihre Bedenken und Ängste werden in folgenden Aussagen deutlich: *„Du willst mich einschläfern. ...willst meine Augen von diesem Abgrund hinweglocken.... ein Dolch über dir und mir!...“ „O wie sehr fürcht ich ihn- diesen Vater!“*

Einige Textbelege für Ferdinands Gefühlslage und Charakter:

- Regieanweisungen: *„fliegt auf sie zu“, „springt auf“*
- Ferdinands Leidenschaft zeigt sich in der rhetorischen Frage: *„Wer kann den Bund*

[1]Chiasmus: Spiegelnde Anordnung von Wörtern/Satzgliedern

- *zwoer Herzen lösen, oder die Töne eines Akkords auseinander reißen?"*
- Seinen Besitzanspruch auf Luise zeigt die rhetorische Frage *„Und liebt mich meine Luise noch?"* ; der Anspruch wird unterstrichen durch Verwendung des Possessivpronomens *„meine"*
- Realitätsferne wird in seiner Versicherung deutlich: *„Ich fürchte nichts- nichts – als die Grenzen deiner Liebe."* und im folgenden Vergleich: *„Lass auch Hindernisse wie Gebürge zwischen uns treten, ich will sie für Treppen nehmen..."*

Interpretieren Sie die vorliegende Szene nach Inhalt und sprachlicher Gestaltung:

....

....

....

....

....

....

....

....

....

....

....

....

....

....

....

....

....

....

....

2.18 Textauszug Szene II, 2

Ein alter Kammerdiener des Fürsten, der ein Schmuckkästchen trägt. Die Vorigen.

Kammerdiener Seine Durchlaucht der Herzog empfehlen sich Milady zu Gnaden und schicken Ihnen diese Brillanten zur Hochzeit. Sie kommen so eben erst aus Venedig.

Lady *hat das Kästchen geöffnet und fährt erschrocken zurück.* Mensch! was bezahlt dein Herzog für diese Steine?

Kammerdiener *mit finsterm Gesicht.* Sie kosten ihn keinen Heller!

Lady Was? Bist du rasend? Nichts? – *und indem sie einen Schritt von ihm wegtritt* du wirfst mir ja einen Blick zu, als wenn du mich durchbohren wolltest – Nichts kosten ihn diese unermesslich kostbaren Steine?

Kammerdiener Gestern sind siebentausend Landskinder nach Amerika fort – die bezahlen Alles.

Lady *setzt den Schmuck plötzlich nieder und geht rasch durch den Saal, nach einer Pause zum Kammerdiener.* Mann! Was ist dir? Ich glaube, du weinst?

Kammerdiener *wischt sich die Augen, mit schrecklicher Stimme, alle Glieder zitternd.* Edelsteine, wie diese da – ich hab' auch ein paar Söhne drunter.

Lady *wendet sich bebend weg, seine Hand fassend.* Doch keinen gezwungenen?

Kammerdiener *lacht fürchterlich.* O Gott! – Nein – lauter Freiwillige! Es traten wohl so etliche vorlaute Bursch' vor die Front heraus und fragten den Obersten, wie teuer der Fürst das Joch Menschen verkaufe. – Aber unser gnädigster Landesherr ließ alle Regimenter auf dem Paradeplatz aufmarschieren und die Maulaffen niederschießen. Wir hörten die Büchsen knallen, sahen ihr Gehirn auf das Pflaster spritzen, und die ganze Armee schrie: Juchhe! nach Amerika! –

Lady *fällt mit Entsetzen in den Sofa.* Gott! Gott! – Und ich hörte nichts? Und ich merkte nichts?

Kammerdiener Ja, gnädige Frau – Warum musstet ihr denn mit unserm Herrn gerad' auf die Bärenhatz reiten, als man den Lärmen zum Aufbruch schlug? – Die Herrlichkeit hättet ihr doch nicht versäumen sollen, wie uns die gellenden Trommeln verkündigten, es ist Zeit, und heulende Waisen dort einen lebendigen Vater verfolgten, und hier eine wütende Mutter lief, ihr saugendes Kind an Bajonetten zu spießen, und wie man Bräutigam und Braut mit Säbelhieben auseinander riss, und wir Graubärte verzweiflungsvoll da standen und den Burschen auch zuletzt die Krücken noch nachwarfen in die neue Welt – Oh, und mitunter das polternde Wirbelschlagen, damit der Allwissende uns nicht sollte beten hören –

Lady *steht auf, heftig bewegt.* Weg mit diesen Steinen – sie blitzen Höllenflammen in mein Herz. *Sanfter zum Kammerdiener.* Mäßige dich, armer alter Mann. Sie werden wieder kommen. Sie werden ihr Vaterland wieder sehen.

Kammerdiener *warm und voll.* Das weiß der Himmel! Das werden sie! – Noch am Stadttor drehten sie sich um und schrien: »Gott mit euch, Weib und Kinder! – Es leb' unser Landesvater – Am jüngsten Gericht sind wir wieder da!« –

Lady *mit starkem Schritt auf und nieder gehend.* Abscheulich! Fürchterlich! – Mich beredet man, ich habe sie alle getrocknet, die Tränen des Landes – Schrecklich, schrecklich gehen mir die Augen auf – Geb du – Sag deinem Herrn – Ich werd' ihm persönlich danken! *Kammerdiener will gehen, sie wirft ihm ihre Geldbörse in den Hut.* Und das nimm, weil du mir Wahrheit sagtest –

Kammerdiener *wirft sie verächtlich auf den Tisch zurück.* Legt's zu dem Übrigen. *Er geht ab.*

Lady *sieht ihm erstaunt nach.* Sophie, spring ihm nach, frag' ihn um seinen Namen! Er soll seine Söhne wieder haben. *Sophie ab. Lady nachdenkend auf und nieder. Pause. Zu Sophien, die wieder kommt.*

Ging nicht jüngst ein Gerücht, dass das Feuer eine Stadt an der Grenze verwüstet und bei vierhundert Familien an den Bettelstab gebracht habe? *Sie klingelt.*

Sophie Wie kommen Sie auf das? Allerdings ist es so, und die mehresten dieser Unglücklichen dienen jetzt ihren Gläubigern als Sklaven, oder verderben in den Schachten der fürstlichen Silberbergwerke.

Bedienter *kommt.* Was befehlen Milady?

Lady *gibt ihm den Schmuck.* Dass das ohne Verzug in die Landschaft gebracht werde! – Man soll es sogleich zu Geld machen, befehl' ich, und den Gewinst davon unter die Vierhundert verteilen, die der Brand ruiniert hat.

Sophie Milady, bedenken Sie, dass Sie die höchste Ungnade wagen!

Lady *mit Größe.* Soll ich den Fluch seines Landes in meinen Haaren tragen? *Sie winkt dem Bedienten; dieser geht.* Oder willst du, dass ich unter dem schrecklichen Geschirr solcher Tränen zu Boden sinke? – Geh, Sophie – Es ist besser, falsche Juwelen im Haar und das Bewusstsein dieser Tat im Herzen zu haben!

Sophie Aber Juwelen wie diese! Hätten Sie nicht Ihre schlechtern nehmen können? Nein, wahrlich, Milady! es ist Ihnen nicht zu vergeben.

Lady Närrisches Mädchen! Dafür werden in einem Augenblick mehr Brillanten und Perlen für mich fallen, als zehn Könige in ihren Diademen getragen, und schönere –

Bedienter *kommt zurück.* Major von Walter –

Sophie *springt auf die Lady zu.* Gott! Sie verblassen –

Lady Der erste Mann, der mir Schrecken macht – Sophie – Ich sei unpässlich, Eduard – Halt – Ist er aufgeräumt? Lacht er? Was spricht er? O, Sophie! Nicht wahr, ich sehe hässlich aus?

Sophie Ich bitte Sie, Lady –

Bedienter Befehlen Sie, dass ich ihn abweise?

Lady *stotternd.* Er soll mir willkommen sein. *Bedienter hinaus.* Sprich, Sophie – Was sag' ich ihm? Wie empfang' ich ihn? – Ich werde stumm sein. – Er wird meiner Schwäche spotten – Er wird – o was ahnet mir – Du verlässest mich, Sophie? – Bleib! – Doch nein! Gehe! – So bleib doch! *Der Major kommt durch das Vorzimmer.*

Sophie Sammeln Sie sich! Er ist schon da!

Fassen Sie den Inhalt der Szene für die anschließende Interpretation zusammen:

....

....

....

....

....

....

2.19 Interpretation Szene II,2

- Hauptthema dieser Szene ist die Anklage absolutistischer Herrschaftspraktiken
- Verkauf von Landeskindern zur Finanzierung des höfischen Luxus, hier der Brillanten für Lady Milfords Hochzeitsschmuck
- Ohnmacht des Volkes, repräsentiert durch Kammerdiener, dessen Söhne verschleppt wurden
- Soldatenhandel als Verstoß gegen Naturrecht und Moral:*"-am Jüngsten Gericht sind wir wieder da."*(S. 33, Z.8)
- Schillers Absolutismuskritik wird hier von einer Angehörigen des Hofes formuliert; darin kann ein Hinweis auf Relativierung der Kritik gesehen werden: Schiller setzt auf die Wirkung moralischen Handelns
- Selbstverständnis der Lady Milford wird erschüttert: Sie hält sich trotz ihres Daseins als *„Favoritin des Fürsten"* ihre innere Distanz zum *„giftigen Wind des Hofes"* (II, 1, S. 29, Z.36) zugute und muss nun erfahren, dass sie Profiteurin moralisch verwerflichen Handelns ist
- Dadurch ist sie innerlich stark bewegt, was in Regieanweisungen wie *„wendet sich bebend weg"* (S.32, Z.11) und in starken Bildern - *„...sie blitzen Höllenflammen in mein Herz"*, S.33, Z.1f.- zum Ausdruck kommt
- Lady Milford entscheidet sich für moralisches Handeln, lehnt die Juwelen ab: *„Es ist besser,*

falsche Juwelen im Haar und das Bewusstsein dieser Tat im Herzen zu haben"(S. 34, Z. 4 ff)

- Der Kammerdiener ist Vertreter des einfachen Volkes, trauert, ist verbittert (vgl. Regieanweisung *„wischt sich die Augen, mit schrecklicher Stimme, alle Glieder zitternd"* S.32, Z.8)
- Die Kammerjungfer Sophie steht mit ihren Bedenken gegen das Handeln der Lady für Pragmatismus, Anpassung an die Macht des Fürsten, was Lady Milford ablehnt
- Die vorliegende Szene enthält einerseits noch Momente der Exposition, indem sie den Gegensatz zwischen Adel und Bürgertum/Volk darstellt, der sich auf mehreren Ebenen durch das Drama zieht; sie kann andererseits als Moment einer steigenden Handlung nach dem klassischen Dramenmodell gesehen werden, weil die Unbarmherzigkeit der absolutistischen Herrschaft angedeutet wird, an der schließlich auch die Liebe zwischen Ferdinand und Luise scheitern wird

Interpretieren Sie die Szene:

....

....

....

....

....

....

....

....

....

....

....

....

....

....

....

....

2.20 Textauszug Szene III, 6

Luise und Sekretär Wurm.

.....

Wurm Setzen Sie sich. Schreiben Sie! Hier ist Feder, Papier und Dinte.

Luise *setzt sich in höchster Beunruhigung.* Was soll ich schreiben? An wen soll ich schreiben?

Wurm An den Henker Ihres Vaters.

Luise. Ha! Du verstehst dich darauf, Seelen auf die Folter zu schrauben. Ergreift die Feder.

Wurm *diktiert.* »Gnädiger Herr« –

Luise *schreibt mit zitternder Hand.*

Wurm »Schon drei unerträgliche Tage sind vorüber – – sind vorüber – und wir sahen uns nicht«

Luise *stutzt, legt die Feder weg.* An wen ist der Brief?

Wurm An den Henker Ihres Vaters.

Luise O mein Gott!

Wurm »Halten Sie sich deswegen an den Major – an den Major – der mich den ganzen Tag wie ein Argus hütet«

Luise *springt auf.* Büberei, wie noch keine erhört worden! An wen ist der Brief?

Wurm An den Henker Ihres Vaters.

Luise *die Hände ringend, auf und nieder.* Nein! nein! nein! das ist tyrannisch, o Himmel! Strafe Menschen menschlich, wenn sie dich reizen, aber warum mich zwischen zwei Schrecknisse pressen? Warum zwischen Tod und Schande mich hin und her wiegen? Warum diesen blutsaugenden Teufel mir auf den Nacken setzen? – Macht, was ihr wollt. Ich schreibe das nimmermehr.

Wurm *greift nach dem Hut.* Wie Sie wollen, Mademoiselle! Das steht ganz in Ihrem Belieben.

Luise Belieben, sagen Sie? In meinem Belieben? – Geh, Barbar! Hänge einen Unglücklichen über dem Abgrund der Hölle aus, bitt' ihn um etwas, und lästre Gott, und frag' ihn, ob es ihm beliebe? – O du weißt allzu gut, dass unser Herz an natürlichen Trieben so fest als an Ketten liegt – Nunmehr ist Alles gleich. Diktieren Sie weiter! Ich denke nichts mehr. Ich weiche der überlistenden Hölle. *Sie setzt sich zum zweitenmal.*

Wurm »Den ganzen Tag wie ein Argus hütet« – Haben Sie das?

Luise Weiter! weiter!

Wurm »Wir haben gestern den Präsidenten im Haus gehabt. Es war possierlich zu sehen, wie der gute Major um meine Ehre sich wehrte« –

Luise O schön, schön! O herrlich! – Nur immer fort.

Wurm »Ich nahm meine Zuflucht zu einer Ohnmacht – zu einer Ohnmacht – dass ich nicht laut lachte«

Luise O Himmel!

Wurm »Aber bald wird mir meine Maske unerträglich – unerträglich – Wenn ich nur loskommen könnte« –

Luise *hält inne, steht auf, geht auf und nieder, den Kopf gesenkt, als suchte sie was auf dem Boden; dann setzt sie sich wiederum, schreibt weiter.* »Loskommen könnte«

Wurm »Morgen hat er den Dienst – Passen Sie ab, wenn er von mir geht, und kommen an den bewussten Ort« – Haben Sie »bewussten?«

Luise Ich habe Alles!

Wurm »An den bewussten Ort zu Ihrer zärtlichen.... Luise«

Luise Nun fehlt die Adresse noch.

Wurm »An Herrn Hofmarschall von Kalb.«

Luise Ewige Vorsicht! Ein Name, so fremd meinen Ohren, als meinem Herzen diese schändlichen Zeilen. *Sie steht auf und betrachtet eine große Pause lang mit starrem Blick das Geschriebene, endlich reicht sie es dem Sekretär mit erschöpfter, hinsterbender Stimme.* Nehmen Sie, mein Herr. Es ist mein ehrlicher Name – es ist Ferdinand – es ist die ganze Wonne meines Lebens, was ich jetzt in Ihre Hände gebe – Ich bin eine Bettlerin.

Wurm O nein doch! Verzagen Sie nicht, liebe Mademoiselle. Ich habe herzliches Mitleid mit Ihnen. Vielleicht – wer weiß? – Ich könnte mich noch wohl über gewisse Dinge hinwegsetzen – Wahrlich! Bei Gott! Ich habe Mitleid mit Ihnen.

Luise *blickt ihn starr und durchdringend an.* Reden Sie nicht aus, mein Herr. Sie sind auf dem Wege, sich etwas Entsetzliches zu wünschen.

Wurm *im Begriff, ihre Hand zu küssen.* Gesetzt, es wäre diese niedliche Hand – Wieso, liebe Jungfer?

Luise *groß und schrecklich.* Weil ich dich in der Brautnacht erdrosselte und mich dann mit Wollust aufs Rad flechten ließe. *Sie will gehen, kommt aber schnell zurück.* Sind wir jetzt fertig, mein Herr? Darf die Taube nun fliegen?

Wurm Nur noch die Kleinigkeit, Jungfer. Sie müssen mit mir und das Sakrament darauf nehmen, diesen Brief für einen freiwilligen zu erkennen.

Luise Gott! Gott! und du selbst musst das Siegel geben, die Werke der Hölle zu verwahren? *Wurm zieht sie fort.*

Fassen Sie den Inhalt des Szenenauszuges für die folgende Interpretation zusammen:

....

....

....

....

....

....

....

....

....

2.21 *Interpretation Szene III, 6*

- Der Szenenauszug setzt ein, nachdem Wurm Luise von der Verhaftung der Eltern berichtet hat
- Luise und Wurm treffen zwar im Stück erstmals zusammen; Luise kennt den Sekretär aber und weiß um dessen Wunsch, sie zu heiraten
- Sie betrachtet Wurm als skrupellos in der Durchsetzung seiner Ziele und stellt ihn als *„Teufel"* dar
- Der Sekretär hat zu erkennen gegeben, dass Luise nur eine Möglichkeit bleibt, ihre Eltern zu retten
- Nach und nach wird ihr bei der Niederschrift des von Wurm diktierten Briefes das Ausmaß der verwerflichen Tat deutlich, zu der sie genötigt wird
- Luises Befürchtungen bezüglich des Inhalts des Schreibens konkretisieren sich mehr und mehr; die Vorahnungen beunruhigen sie zutiefst und lassen ihre Hand zittern (vgl. Regieanweisungen)
- In höchster Erregung verweigert sie sich dem Ansinnen Wurms, muss aber die Ausweglosigkeit ihrer Situation erkennen
- Der Sekretär reagiert darauf ohne Emotionen und wiederholt die Alternative, vor der Luise steht
- Resignierend bittet sie um Fortsetzung des Diktats und kommentiert das Diktierte sarkastisch (*„O schön, schön! o herrlich! - Nur immer fort"*, S. 73, Z. 4)
- In einem letzten Seufzer, bereits ohne Hoffnung, appelliert Luise an Wurm: *„Ich bin eine Bettlerin"*(S. 73, Z. 28)

- Zynisch versichert dieser sie seines Mitleids und deutet an, dass er noch immer bereit wäre Luise zu heiraten
- Luise quittiert seine Worte mit der Versicherung, dass sie ihn *„in der Brautnacht erdrosselte“* (S.74, Z. 4)
- Um sich des Schweigens der Musikertochter über die Intrige zu versichern, nimmt Wurm der frommen Luise einen Eid auf die Echtheit des Briefes ab
- Die vorliegende Szene ist im Dramenaufbau Teil der *Peripetie*: Die Kabale ist beinahe vollendet; ihre katastrophale Wirkung wird der Zuschauer in den nächsten Akten erfahren

Interpretieren Sie den Szenenauszug:

2.22 Textauszug Szene IV, 7

Luise Miller und Lady Milford

....

Luise .... Die Paläste gewisser Damen sind oft die Freistätten der frechsten Ergötzlichkeit. Wer sollte der Tochter des armen Geigers den Heldenmut zutrauen, den Heldenmut, mitten in die Pest sich zu werfen und doch dabei vor der Vergiftung zu schaudern? Wer sollte sich träumen lassen, dass Lady Milford ihrem Gewissen einen ewigen Skorpion halte, dass sie Geldsummen aufwende, um den Vorteil zu haben, jeden Augenblick schamrot zu werden? – Ich bin offenherzig, gnädige Frau – Würde Sie mein Anblick ergötzen, wenn Sie einem Vergnügen entgegen gingen? Würden Sie ihn ertragen, wenn Sie zurückkämen? – – O besser, besser, Sie lassen Himmelsstriche uns trennen – Sie lassen Meere zwischen uns fließen! – Sehen Sie sich wohl für, Milady – Stunden der Nüchternheit, Augenblicke der Erschöpfung könnten sich melden – Schlangen der Reue könnten Ihren Busen anfallen, und nun – welche Folter für Sie, im Gesicht Ihres Dienstmädchens die heitre Ruhe zu lesen, womit die Unschuld ein reines Herz zu belohnen pflegt. *Sie tritt einen Schritt zurück.* Noch einmal, gnädige Frau. Ich bitte sehr um Vergebung.

Lady *in großer innrer Bewegung herumgehend.* Unerträglich, dass sie mir das sagt! Unerträglicher, dass sie Recht hat! Zu Luisen tretend und ihr starr in die Augen sehend. Mädchen, du wirst mich nicht überlisten. So warm sprechen Meinungen nicht. Hinter diesen Maximen lauert ein feurigeres Interesse, das dir meine Dienste besonders abscheulich malt – das dein Gespräch so erhitzte – das ich drohend entdecken muss.

Luise *gelassen und edel.* Und wenn Sie es nun entdeckten? Und wenn Ihr verächtlicher Fersenstoß den beleidigten Wurm aufweckte, dem sein Schöpfer gegen Misshandlung noch einen Stachel gab? – Ich fürchte Ihre Rache nicht, Lady – Die arme Sünderin auf dem berüchtigten Henkerstuhl lacht zum Weltuntergang. Mein Elend ist so hoch gestiegen, dass selbst Aufrichtigkeit es nicht mehr vergrößern kann. *Nach einer Pause sehr ernsthaft.* Sie wollen mich aus dem Staub meiner Herkunft reißen. Ich will sie nicht zergliedern, diese verdächtige Gnade. Ich will nur fragen, was Milady bewegen konnte, mich für die Törin zu halten, die über ihre Herkunft errötet? Was sie berechtigen konnte, sich zur Schöpferin meines Glücks aufzuwerfen, ehe sie noch wusste, ob ich mein Glück auch von ihren Händen empfangen wollte? – Ich hatte meinen ewigen Anspruch auf die Freuden der Welt zerrissen. Ich hatte dem Glück seine Übereilung vergeben – Warum mahnen Sie mich aufs Neu an dieselbe? – Wenn selbst die Gottheit dem Blick der Erschaffenen ihre Strahlen verbirgt, dass nicht ihr oberster Seraph vor seiner Verfinsterung zurückschaure – warum wollen Menschen so grausam-barmherzig sein? – Wie kommt es, Milady, dass Ihr gepriesenes Glück das Elend so gern um Neid und Bewunderung anbettelt? – Hat Ihre Wonne die Verzweiflung so nötig zur Folie? – O lieber! so gönnen Sie mir doch eine Blindheit, die mich allein noch mit meinem barbarischen Los versöhnt – Fühlt sich doch das Insekt in einem Tropfen Wassers so selig, als wär' es ein Himmelreich, so froh und so selig, bis man ihm von einem Weltmeer erzählt, worin Flotten und Walfische spielen! – – – Aber glücklich wollen Sie mich ja wissen? *Nach einer Pause plötzlich zur Lady hintretend und mit Überraschung fragend:* Sind Sie glücklich, Milady? *Diese verlässt sie schnell und betroffen, Luise folgt ihr und hält ihr die Hand vor den Busen.* Hat dieses Herz auch die lachende Gestalt Ihres Standes? Und wenn wir jetzt Brust gegen Brust und Schicksal gegen Schicksal auswechseln sollten – und wenn ich in kindlicher Unschuld – und wenn ich auf Ihr Gewissen – und wenn ich als meine Mutter Sie fragte – würden Sie mir wohl zu dem Tausche raten?

Lady *heftig bewegt in den Sofa sich werfend.* Unerhört! Unbegreiflich! Nein, Mädchen! Nein! Diese Größe hast du nicht auf die Welt gebracht, und für einen Vater ist sie zu jugendlich. Lüge mir nicht. Ich höre einen andern Lehrer –

Luise *fein und scharf ihr in die Augen sehend.* Es sollte mich doch wundern, Milady, wenn Sie jetzt erst auf diesen Lehrer fielen, und doch vorhin schon eine Kondition für mich wussten.

Lady *springt auf.* Es ist nicht auszuhalten! – Ja denn! weil ich dir doch nicht entwischen kann. Ich kenn' ihn – weiß Alles – weiß mehr, als ich wissen mag. *Plötzlich hält sie inne, darauf mit einer Heftigkeit,* *die nach und nach bis beinahe zum Toben steigt.* Aber wag' es, Unglückliche – wag' es, ihn jetzt noch zu lieben oder von ihm geliebt zu werden – Was sage ich? – Wag' es, an ihn zu denken oder einer von seinen Gedanken zu sein – Ich bin mächtig, Unglückliche – fürchterlich – so wahr Gott lebt! Du bist verloren!

Luise *standhaft* Ohne Rettung, Milady, sobald Sie ihn zwingen, dass er Sie lieben muss.

Lady Ich verstehe dich – aber er soll mich nicht lieben. Ich will über diese schimpfliche Leidenschaft siegen, mein Herz unterdrücken und das deinige zermalmen – Felsen und Abgründe will ich zwischen euch werfen; eine Furie will ich mitten durch euren Himmel gehen; mein Name soll eure Küsse, wie ein Gespenst Verbrecher, auseinander scheuchen; deine junge blühende Gestalt unter seiner Umarmung welk, wie eine Mumie, zusammenfallen – Ich kann nicht mit ihm glücklich werden – aber du sollst es auch nicht werden – Wisse das, Elende! Seligkeit zerstören ist auch Seligkeit.

Luise Eine Seligkeit, um die man Sie schon gebracht hat, Milady. Lästern Sie Ihr eigenes Herz nicht. Sie sind nicht fähig, das auszuüben, was Sie so drohend auf mich herabschwören. Sie sind nicht fähig, ein Geschöpf zu quälen, das Ihnen nichts zu Leide getan, als dass es empfunden hat wie Sie – Aber ich liebe Sie um dieser Wallung willen, Milady.

Lady *die sich jetzt gefasst hat.* Wo bin ich? Wo war ich? Was hab' ich merken lassen? Wen hab' ich's merken lassen? – O Luise, edle, große, göttliche Seele! Vergib's einer Rasenden – Ich will dir kein Haar kränken, mein Kind. Wünsche! Fordre! Ich will dich auf den Händen tragen, deine Freundin, deine Schwester will ich sein – Du bist arm – Sieh! Einige Brillanten herunternehmend. Ich will diesen Schmuck verkaufen – meine Garderobe, Pferd und Wagen verkaufen – Dein sei Alles, aber entsag' ihm!

Luise *tritt zurück voll Befremdung.* Spottet sie einer Verzweifelnden, oder sollte sie an der barbarischen Tat im Ernst keinen Anteil gehabt haben? – Ha! So könnt' ich mir ja noch den Schein einer Heldin geben und meine Ohnmacht zu einem Verdienst aufputzen. *Sie steht eine Weile gedankenvoll, dann tritt sie näher zur Lady, fasst ihre Hand und sieht sie starr und bedeutend an.* Nehmen Sie ihn denn hin, Milady! – Freiwillig tret' ich Ihnen ab den Mann, den man mit Haken der Hölle von meinem blutenden Herzen riss. – – Vielleicht wissen Sie es selbst nicht, Milady, aber Sie haben den Himmel zweier Liebenden geschleift, voneinander gezerrt zwei Herzen, die Gott aneinander band; zerschmettert ein Geschöpf, das ihm nahe ging wie Sie, das er zur Freude schuf wie Sie, das ihn gepriesen hat wie Sie, und ihn nun nimmermehr preisen wird – Lady! Ins Ohr des Allwissenden schreit auch der letzte Krampf des zertretenen Wurms – Es wird ihm nicht gleichgültig sein, wenn man Seelen in seinen Händen mordet! Jetzt ist er Ihnen! Jetzt, Milady, nehmen Sie ihn hin! Rennen Sie in seine Arme! Reißen Sie ihn zum Altar – Nur vergessen Sie nicht, dass zwischen Ihren Brautkuss das Gespenst einer Selbstmörderin stürzen wird – Gott wird barmherzig sein – Ich kann mir nicht anders helfen! *Sie stürzt hinaus.*

Fassen Sie den Inhalt des Szenenauszugs für die anschließende Interpretation zusammen:

....

....

....

....

....

....

2.23 *Interpretation Szene IV, 6*

- Lady Milford hat Luise zu sich gerufen, um sich ein Bild von ihrer „Nebenbuhlerin" zu machen und Luise zum Verzicht auf Ferdinand zu bewegen
- Sie lässt Luise in höfisch-„*geschraubt*er" (vgl. Regieanweisung S.84, Z.31) Rede den Standesunterschied zur bürgerlichen Musikertochter spüren
- Im weiteren Verlauf der Szene – dem hier zu untersuchenden Szenenauszug– gewinnt Luise mehr und mehr die Oberhand; die Lady erkennt deren auf Wahrhaftigkeit gründende Überlegenheit
- Der Szenenauszug setzt ein, nachdem die Lady Luise angeboten hat, Nachfolgerin Sophies als Kammerjungfer zu werden; Sophie hat das „Angebot", das offensichtlich an den Verzicht auf Ferdinand geknüpft ist, ausgeschlagen und die Angriffe der Lady moralisch überlegen gekontert
- In sich ruhend entlarvt die Bürgerliche ironisch treffend die Doppelmoral in Milfords Rede:
  - Luise verweist auf die Unmoral, die sich hinter der vornehmen Fassade verbirgt: *„Die Paläste gewisser Damen sind oft die Freistätten der frechsten Ergötzlichkeit."* (S.86, Z 24 f.)
  - Sie lässt erkennen, dass sie die Hintergedanken der Lady durchschaut, die diese zu ihrem „großzügigen" Angebot veranlassen: *„Schlangen der Reue könnten Ihren Busen anfallen."* (S.87, Z 3 f.)
  - Sie macht deutlich, dass ein Tausch ihres bürgerlichen, einfachen Lebens gegen eine Position bei Hof für sie nicht erstrebenswert ist: *„Fühlt sich doch das Insekt in einem Tropfen Wassers so froh und so selig, bis man ihm von einem Weltmeer erzählt, worin Flotten und Walfische spielen!"* (S.86, Z 24 f.)

- Luise setzt sich mit *„Unschuld"* und *„Herz"* von der Doppelmoral bei Hof ab
- Lady Milford fühlt sich durch Luises Rede getroffen und muss eingestehen, *„dass sie Recht hat."* (S.87, Z 10 f.)
- Die zunehmende Erregung der Lady wird in Regieanweisungen ausgedrückt: *in großer innrer Bewegung herumgehend* (S. 87), *heftig bewegt in den Sofa sich werfend* (S. 88), *springt auf* (S. 88), *...Heftigkeit, die nach und nach bis beinahe zum Toben steigt* (S. 88)
- Sie nimmt, als Luise andeutet, dass nur Zwang sie zum Verzicht auf Ferdinand bewegen kann, Zuflucht zu Drohungen: *„Felsen und Abgründe will ich zwischen euch werfen"* (S. 89, Z.7 f.)
- Schließlich bietet Lady Milford Luise Schmuck als Gegenleistung für den Verzicht auf Ferdinand, worauf diese mit *Befremdung* (Regieanweisung S. 89 unten) reagiert
- Die Szene schließt mit Luises Freigabe des Geliebten, die sie mit einem Preis verknüpft, den die Lady nicht zu zahlen bereit sein wird: *"Nur vergessen Sie nicht, dass zwischen Ihren Brautkuss das Gespenst einer Selbstmörderin stürzen wird"* (S. 90, Z.15 f.)
- Die Szene steht exemplarisch für das Grundthema des Stückes, die Auseinandersetzung zwischen Adel und Bürgertum, hier stellvertretend am Streitgespräch der beiden Frauen dargestellt

Interpretieren Sie den Szenenauszug:

3. Musterlösungen für Textbausteine

3.1 Inhalt des Dramas

Ferdinand, der Sohn des Präsidenten von Walter, eines einflussreichen Adligen am Hof eines deutschen Fürsten, liebt eine Bürgerliche namens Luise, die Tochter des Musikus Miller. Beide Väter lehnen eine Verbindung ihrer Kinder aufgrund des Standesunterschiedes ab. Während Miller fürchtet, dass seine Tochter von Ferdinand verlassen und entehrt werden könnte, will der Präsident seinen Sohn mit der Mätresse des Herzogs, Lady Milford, verheiraten, um so seine Machtposition bei Hofe zu stärken. Ferdinand widersetzt sich jedoch dem Plan seines Vaters, da er Luise aufrichtig liebt und versucht, sie zur gemeinsamen Flucht zu überreden. Doch die junge Frau ist durch die Bedenken ihres Vaters verunsichert und äußert Zweifel an einer gemeinsamen Zukunft mit Ferdinand, was diesen die Aufrichtigkeit von Luises Gefühlen infrage stellen lässt.

Ferdinand begibt sich zu Lady Milford und erklärt ihr, dass er sie wegen seiner Liebe zu Luise nicht heiraten werde. Dabei erfährt er Unerwartetes über die Vergangenheit und den wahren Charakter der Lady, die während ihrer Liaison mit dem Herzog einen mäßigenden Einfluss auf dessen Gewaltherrschaft ausgeübt hat. Auf Ferdinand will sie aber um ihres Ansehens bei Hofe willen nicht verzichten, weil die geplante Vermählung bereits allgemein bekannt ist. Doch als sie kurz darauf mit Luise spricht und mit deren Stolz und Selbstlosigkeit konfrontiert wird, gibt sie ihre Heiratsabsichten auf und beschließt, das Herzogtum zu verlassen, um künftig in der Fremde ein tugendhaftes Leben zu führen.

Um Luise in Ferdinands Augen zu verunglimpfen und ihre eigenen Ziele durchzusetzen, initiieren der Präsident und sein Sekretär Wurm, der Hoffnungen auf eine Heirat mit der Musikantentochter hegt, eine Intrige: Sie lassen den Musikus Miller und seine Frau verhaften und drohen mit deren Hinrichtung. Luise könne ihre Eltern nur retten, so erklärt man ihr, wenn sie einen Liebesbrief an den Hofmarschall von Kalb schreibe. Außerdem muss die junge Frau einen Eid schwören, dass der erzwungene Brief von ihr aus freien Stücken verfasst worden sei. Luise geht auf die Bedingungen ein, um ihre Eltern vor dem Tod zu bewahren. Der Brief wird Ferdinand zugespielt, dessen Misstrauen an den Gefühlen der Geliebten dadurch noch mehr geschürt wird. Da sich Luise durch den Eid gebunden fühlt, schweigt sie zu Ferdinands Vorhaltungen, ihn betrogen und ihre Liebe verraten zu haben.

Aus Verzweiflung erwägt Luise den Freitod, was ihr streng gläubiger Vater jedoch verhindern kann, indem er der Tochter ins Gewissen redet. So kann sie den Anklagen Ferdinands nichts entgegensetzen, um ihn von der Reinheit ihrer Liebe zu überzeugen. Blind vor Wut und Eifersucht vergiftet Ferdinand sich und Luise, die ihm sterbend schließlich die Wahrheit offenbart. Ferdinand erkennt die selbstlose Treue der Geliebten und reicht im Angesicht des Todes seinem Vater die Hand zur Versöhnung, der sich daraufhin, ebenfalls geläutert, in den Gewahrsam des Gerichts begibt.

3.2 Inhalt 1. Akt

Der eigentlichen Handlung des Schauspiels geht folgendes Geschehen voraus, welches für das Der Hofmusikant Miller unterhält sich mit seiner Frau über die Beziehung ihrer Tochter Luise zu Major Ferdinand von Walter, dem Sohn des Präsidenten. Während Frau Miller sich den sozialen Aufstieg der Tochter durch eine Heirat mit dem Adeligen erhofft, sieht Miller eine solche aufgrund des Standesunterschiedes als ausgeschlossen an. Er äußert Zweifel an der Aufrichtigkeit des Majors und befürchtet, Luise könnte von ihm verführt und entehrt werden.

Wurm, der Sekretär des Präsidenten, kommt hinzu. Er möchte Luise besuchen, die ihm von Miller als Ehefrau versprochen worden ist. Seine gesicherten Verhältnisse und die Ernsthaftigkeit seiner Absichten hervorhebend erbittet er die Hilfe des Musikanten bei seinem Werben um Luise. Doch Miller erklärt sich nicht dazu bereit. Er betont, dass seine Tochter die letzte Entscheidung habe, wen sie heiraten wolle; er, der Vater, werde sie nicht in eine Ehe zwingen.

Luise kehrt aus der Kirche zurück und gesteht ihren Eltern ihre Liebe zu Ferdinand. Miller erinnert sie an den Standesunterschied und die Unmöglichkeit einer ehelichen Verbindung, woraufhin Luise auf Gewissheiten des Glaubens hinweist, nach welchem alle Menschen einander gleichgestellt wären.

Nun erscheint Ferdinand von Walter selbst im Hause Millers, um Luise zu sehen und sich ihrer Liebe zu vergewissern. Das junge Mädchen, durch die Bedenken des Vaters verunsichert, weist ihn auf die Standesproblematik hin. Ferdinand beteuert seine ehrliche Liebe und deutet sogar an, Luise heiraten zu wollen, da er nichts fürchte außer den Grenzen ihrer Liebe. Doch es gelingt ihm nicht, Luises Zweifel vollends zu zerstreuen.

Sekretär Wurm unterrichtet den Präsidenten über die Verbindung zwischen Ferdinand und Luise. Doch der nimmt die Beziehung nicht ernst, sondern sieht sie vielmehr als Abenteuer, das er dem jungen Mann gerne gönne. Für die Zukunft hat er jedoch etwas anderes für seinen Sohn vorgesehen als die Liaison mit einem Bürgermädchen: Er will Ferdinand mit der einflussreichen Lady Milford, der Mätresse des Herzogs, verheiraten, um so den Einfluss seiner Familie bei Hof zu vergrößern. Um ganz sicher zu gehen, dass sich seine Pläne auch verwirklichen, geht von Walter auf Wurms Vorschlag, die geplante Heirat bereits bekannt zu geben, ein und beauftragt den eintretenden Hofmarschall von Kalb, die Nachricht von der bevorstehenden Hochzeit seines Sohnes in der ganzen Stadt zu verbreiten.

Mit den Heirats- und Zukunftsplänen, die sein Vater für ihn hegt, konfrontiert, eröffnet Ferdinand jenem in einem intensiven Streitgespräch seine Auffassungen von Ehre, Glück und Liebe. Ferdinand betont, dass nicht Macht und Herrschaft sein Glück ausmachen, sondern Wünsche, die aus dem Herzen kommen. Der Präsident hält Ferdinand vor, dass die illegitimen Mittel, mit denen er seinen Vorgänger aus dem Amt vertrieben hat, nur das eine Ziel hatten, seinem Sohn den Aufstieg bei Hofe zu ermöglichen. Doch Ferdinand will auf eine Karriere verzichten, die auf dem Leid anderer Menschen aufgebaut ist und lehnt die Intrigen seines Vaters ebenso ab wie eine Verheiratung mit Lady Milford, da eine Ehe für ihn Liebe als Voraussetzung hat. Ferdinands Ausflüchte bestätigen den Präsidenten in seiner Befürchtung, dass es dem Sohn mit der Liebe zu einer Bürgerlichen ernst ist. Er befiehlt dem jungen Mann, Lady Milford seine Aufwartung zu machen. Ferdinand muss dem Wunsch seines Vaters zwar entsprechen, hat aber vor, die Kurtisane so zu behandeln, wie sie es in seinen Augen verdient.

3.3 Inhalt 2. Akt

Lady Milford verrät ihrer erstaunten Zofe, dass sie selbst es war, die den Plan, sich mit Ferdinand von Walter zu vermählen, initiiert hat, da sie den Major aufrichtig liebt. Ihre Verbindung mit dem Herzog sei allein auf Ehrgeiz gegründet, ihr Herz habe sie sich jedoch frei gehalten. Die Falschheit und Herzlosigkeit bei Hofe beklagend, erhofft sie sich ein glückliches und erfüllteres Leben an Ferdinands Seite als sie es bisher als Kurtisane geführt hat.

Als ein Kammerdiener ihr im Namen des Herzogs wertvolle Brillanten überbringt und ihr im Gespräch eröffnet, dass diese durch den Verkauf von siebentausend Landeskindern, die als Soldaten im amerikanischen Bürgerkrieg kämpfen sollen, finanziert worden seien, will die Lady das Geschenk nicht annehmen. Sie befiehlt stattdessen, die Edelsteine zu verkaufen und den Erlös armen Familien zukommen zu lassen.

Der Besuch Ferdinands von Walter wird angekündigt. Kalt und abweisend tritt er der Lady gegenüber und lässt keinen Zweifel daran, dass er nicht aus freien Stücken, sondern allein auf Befehl seines Vaters kommt. Er wirft der Milford Selbstsucht und Ehrlosigkeit vor. Mit derartigen Vorwürfen konfrontiert, sieht sich die Lady gezwungen, vom Schicksal ihrer Familie und ihrer Flucht aus England zu erzählen. Außerdem nennt sie Beispiele, wo sie ihren mäßigenden Einfluss auf den Herzog geltend gemacht hat, um Unschuldige vor dem Kerker oder sogar vor der Hinrichtung zu retten. Ferdinand ist von den Worten der Lady beeindruckt, die ihre Charakterstärke offenbaren, und erkennt, dass er ihr durch seine Vorwürfe Unrecht getan hat. Als sie ihm ihre Liebe gesteht, enthüllt er ihr seine Gefühle für die bürgerliche Musikertochter Luise Miller. Trotz dieses Bekenntnisses will Lady Milford an der Hochzeit mit Ferdinand festhalten: Die geplante Vermählung sei schon überall in der Residenz bekannt und der Verlust an Renommee im Falle einer Absage wäre für sie unerträglich.

Ein Diener des Ministers, der an der Haustür nach Miller fragt, lässt jenen in großer Unruhe zurück. Er wirft seiner Frau vor, dem Sekretär Wurm zu viel über die Beziehung zwischen Luise und Ferdinand von Walter erzählt zu haben. Nun fürchtet Miller Sanktionen und beschließt, selbst zum Minister zu gehen und ihm die Angelegenheit zu erklären.

Seine Befürchtungen, beim Herzog in Ungnade gefallen zu sein, verstärken sich noch, als Ferdinand überstürzt im Hause der Millers eintrifft und fragt, ob sein Vater schon hier gewesen sei. Er bekräftigt erneut die Aufrichtigkeit seiner Liebe zu Luise. Diese gibt jedoch zu bedenken, dass es für sie keine Möglichkeit gibt, mit Ferdinand zusammenzubleiben, wenn dessen Vater bereits von ihrer Beziehung weiß.

Kurz darauf betritt der Präsident Millers Haus, wo er seinen Sohn noch antrifft. Herrisch führt er ein Verhör mit der Familie durch, beschimpft Luise als Hure und befiehlt dem Gerichtsdiener, der ihn begleitet, die junge Frau zu verhaften, damit sie an den Pranger gestellt werde. Daraufhin zieht Ferdinand seinen Degen und stellt sich gegen seinen Vater, um die Geliebte zu beschützen. Schließlich droht er sogar damit, die verbrecherischen Methoden aufzudecken, mit deren Hilfe sein Vater das Präsidentenamt erlangt hat. Dieser sieht sich gezwungen, nachzugeben und lässt Luise frei.

3.4 Inhalt 3. Akt

Wurm erbittet vom Präsidenten die Erlaubnis, die Angelegenheit in dessen Sinne zu regeln und schlägt ihm eine Intrige vor: Miller und seine Frau sollen unter Androhung schlimmster Strafen verhaftet und nur unter der Bedingung begnadigt werden, dass Luise einen fingierten Liebesbrief an den Hofmarschall von Kalb verfasst. Für Ferdinand, dem dieser Brief zugespielt werden soll, hätte es den Anschein, dass Luise ihm nicht treu ist, sodass er die Verbindung mit ihr lösen würde. Der Präsident stimmt dem Plan zu, leitet sogleich die Verhaftung der Millers in die Wege, lässt Hofmarschall von Kalb zu sich kommen und nötigt ihn, seinen Part in der Intrige zu übernehmen.

Ferdinand versucht, Luise zu einer gemeinsamen Flucht zu überreden, was sie jedoch aus Sorge um ihren Vater vehement ablehnt. Zudem befürchtet sie, den Rest ihres Lebens auf der Flucht vor dem Präsidenten und seinen Schergen verbringen zu müssen. Einzig in der Trennung von Ferdinand sieht sie einen realistischen Ausweg aus der Situation. Ferdinand missdeutet Luises

Bedenken, vermutet einen Nebenbuhler um ihre Liebe und lehnt ab.

Wurm berichtet Luise von der Festnahme ihrer Eltern. Bestürzt will die junge Frau sofort zum Herzog eilen und mit ihm sprechen, was Wurm jedoch zu verhindern weiß. Mit intriganten Reden gelingt es ihm, Luise für sein Vorhaben gefügig zu machen und sie zur Niederschrift des vorgetäuschten Liebesbriefes an den Hofmarschall von Kalb zu bewegen. Er diktiert ihr das Schreiben und zwingt sie, dessen Echtheit mit einem Eid zu beschwören.

3.5 Inhalt 4. Akt

Ferdinand hat den gefälschten Liebesbrief gefunden und zweifelt nicht an dessen Echtheit. Tief getroffen durch den vermeintlichen Treuebruch begibt er sich auf die Suche nach Hofmarschall von Kalb, um ihn zur Rede zu stellen.

Nachdem er ihn mit dem Brief konfrontiert hat, fordert ihn Ferdinand zum Duell, lässt aber dann, angewidert von der Feigheit des Marschalls, davon ab. Von Ferdinand mit der Pistole bedroht, will von Kalb ihm die Hintergründe der Intrige erklären. Der Major ist jedoch so außer sich, dass er die Anspielungen missdeutet und den Verräter voller Verachtung aus dem Zimmer wirft.

Wieder allein fasst Ferdinand den Entschluss, Luise und sich selbst zu töten, um wenigstens im Tode mit seiner Geliebten vereint zu sein. Vor Gott erklärt er sich dazu bereit, den Preis der ewigen Verdammnis dafür in Kauf zu nehmen.

Als Ferdinand kurz darauf auf seinen Vater trifft, leistet er ihm Abbitte für sein vormaliges Verhalten und seine Vorwürfe, die ihm nach der Lektüre des Briefes ungerechtfertigt erscheinen. Entsprechend überrascht ist er zu hören, dass der Präsident nun anscheinend bereit ist, Luise als Braut seines Sohnes zu akzeptieren. „Schönheit" und „Tugend", so gibt der Präsident vor, würden deren bürgerliche Herkunft und Armut ausgleichen. Ferdinands Verbitterung und Enttäuschung steigern sich daraufhin noch, da er annimmt, Luise habe auch seinen Vater mit ihrer gespielten Unschuld getäuscht.

Lady Milford hat Luise zu sich bestellt und erwartet voller Unruhe deren Kommen. Um die Bürgerstochter zu beeindrucken und ihr den großen Standesunterschied zu demonstrieren, hat sie prunkvollen Schmuck angelegt und sich aufwändig gekleidet. Als das junge Mädchen eintrifft, trägt die Lady bewusst eine herablassende Haltung zur Schau und bietet der Rivalin eine Stelle als ihre Kammerjungfer an. Luise lehnt ab, was ihr Lady Milford als Hochmut und Eitelkeit auslegt. Derartigen Vorwürfen begegnet die Bürgerliche ironisch und souverän: Das Leben, welches Lady Milford bei Hofe führt, erscheine ihr heuchlerisch und ehrlos, da jene ihre Tugend aufgegeben habe, um die Vorzüge ihrer gesellschaftlichen Stellung zu genießen. Überrascht muss sich Lady Milford eingestehen, dass sie den Worten des einfachen Mädchens nichts entgegensetzen kann als ihre Macht und ihren Reichtum. Doch selbst Drohungen und eine verlockende finanzielle Offerte können Luise nicht dazu bewegen, den Geliebten an die standesmäßig Überlegene abzutreten. Als sie ihren Verzicht schließlich freiwillig anbietet, nennt sie als Preis ihren eigenen Selbstmord, der die Verbindung zwischen Ferdinand und Lady Milford künftig überschatten würde.

Lady Milford fühlt sich tief beschämt durch den Stolz und die selbstlose Haltung Luises, die weder durch Zwang noch durch Bestechung bereit ist, ihre Prinzipien aufzugeben. Sich auf ihre Herkunft und ihre eigenen Werte besinnend beschließt sie, nun ihrerseits auf Ferdinand zu verzichten und ihre Machtposition bei Hofe aufzugeben. Nachdem sie ihr gesamtes Vermögen unter ihrer Dienerschaft verteilt hat, verlässt sie das Land, um anderswo ein tugendhaftes Leben zu beginnen. Indem sie künftig ihren früheren Namen, Johanna von Norfolk, tragen will, unterstreicht sie den Ernst ihrer Absichten.

3.6 Inhalt 5. Akt

Luise zeigt ihrem Vater einen Brief an Ferdinand, in dem sie ihren Selbstmord andeutet. Sie wirkt ruhig und gefasst und scheint ihre Entscheidung getroffen zu haben. Der tief gläubige Miller ist entsetzt von dem Vorhaben seiner Tochter, da er Selbstmord als eine schwere Sünde ansieht. Er fleht Luise an, um seiner Liebe willen am Leben zu bleiben. Tief gerührt von den Worten des alten Mannes lässt sich Luise umstimmen. Beide beschließen, die Gegend zu verlassen und anderswo ein neues Leben zu beginnen.

Ferdinand kommt hinzu und spricht Luise auf den Liebesbrief an. Mehrmals fragt er sie, ob sie die Verfasserin sei. Luise bejaht in offenkundiger Verzweiflung, ohne die Umstände zu erklären, unter denen der Brief zustande kam, da sie sich an den Eid gebunden fühlt. Die Situation verkennend und zutiefst enttäuscht von Luises vermeintlichem Treuebruch bittet Ferdinand um ein Glas Limonade.

Miller und Ferdinand erinnern sich an den Beginn ihrer Bekanntschaft: Der Major besuchte den Hofmusiker, um auf der Flöte spielen zu lernen und verliebte sich in dessen Tochter. Als Miller offenbart, wie viel ihm sein einziges Kind bedeute, befallen Ferdinand Skrupel wegen seines Mordplans. Er gibt Miller eine beträchtliche Goldsumme, angeblich als Entgelt für den Flötenunterricht, und schickt ihn mit einem Brief an den Präsidenten aus dem Haus.

Luise bringt die Limonade. Während sie ihren Vater hinausgeleitet, gelingt es Ferdinand, das Getränk unbemerkt zu vergiften.

Allein mit der Geliebten macht Ferdinand noch einmal seine Enttäuschung über deren scheinbare Falschheit deutlich und versucht, Details über ihre angebliche Beziehung zu Hofmarschall von Kalb zu erfahren. Luises offensichtlicher Qual begegnet er mit Zynismus. Schließlich gibt er ihr von der vergifteten Limonade zu trinken und nimmt selbst einen Schluck. Als Luise die Wirkung des Gifts spürt und sich ihres nahenden Todes bewusst wird, fühlt sie sich nicht mehr an den Eid gebunden und deckt die Intrige auf. Sie erzählt von dem erzwungenen Brief an den Hofmarschall und von ihrem Schwur, dies nicht zu verraten.

Luises Bekenntnis weckt in Ferdinand unbändigen Zorn auf seinen Vater, den er als Hauptverantwortlichen der Intrige anklagt. Er zieht seinen Degen und kündigt an, dafür zu sorgen, dass der „Mördervater" sich vor dem Jüngsten Gericht rechtfertigen müsse. Luise stirbt und Ferdinand erkennt, dass sie so unschuldig wie ein „Engel des Himmels" war.

Zusammen mit Miller betreten der Präsident, Wurm und mehrere Gerichtsdiener das Haus. Von Ferdinand als Urheber des Verbrechens bezichtigt, weist der Präsident die Schuld seinem Sekretär zu. Dieser macht seinerseits seinen Herrn für den Ausgang der Intrige verantwortlich und droht, dessen illegale Machenschaften aufzudecken. Seine Schuld einsehend fleht der Präsident seinen sterbenden Sohn um Vergebung an. Ferdinand reicht ihm schließlich die Hand und der Präsident lässt sich ohne Widerstand zu leisten von den Gerichtsdienern abführen.

3.7 Literaturgeschichtliche Einordnung

Das Drama *Kabale und Liebe* wird der Epoche des Sturm und Drang zugeordnet, einer Jugendbewegung in Deutschland im letzten Drittel des 18. Jahrhunderts. Deren neue Lebens- und Kunstauffassung lehnte überkommene gesellschaftliche Strukturen, die der Selbstverwirklichung des Individuums entgegenstehen, radikal ab. Stattdessen proklamierte sie ein Persönlichkeitsideal, das Freiheit, Gefühl und schöpferischer Phantasie höchste Priorität einräumt. Der „Geniekult" gilt deshalb als charakteristisches Merkmal dieser Epoche: So wie jedes Individuum das Recht auf uneingeschränkte Selbsterfüllung hat, kann auch der Künstler als „Schöpfer“ autonom agieren und ist keinen Regeln unterworfen.

Die Autoren des Sturm und Drang postulierten die Freiheit des Einzelnen und forderten ihn auf, sich um seiner Emanzipation willen gegen jede Art der Beherrschung von außen zu wehren. Ihre theoretische Begründung findet diese Haltung in der Philosophie der Aufklärung. So soll die Vernunft als Maßstab und Orientierungshilfe gelten - sowohl erkenntnistheoretisch als auch die Grundlagen des Staatsaufbaus betreffend - jedoch dem Sinnlich-Wahrnehmbaren nicht übergeordnet sein. Staat und Rechtsordnung sollen sich aus dem Naturrecht ableiten und dem Individuum umfangreiche Freiheiten zugestehen.

Im Drama als der bevorzugten Gattung des *Sturm und Drang* wird häufig der Konflikt des Individuums mit der politisch-gesellschaftlichen Ordnung thematisiert. Schillers zweites Drama *Kabale und Liebe* zählt aufgrund der scharfen Kritik an den politischen und gesellschaftlichen Zuständen des Absolutismus, der Betonung des Rechts auf Selbstverwirklichung und auf individuelle Lebensgestaltung sowie wegen der offenen Ablehnung der Standesschranken zu den wichtigsten Werken dieser Epoche. In Ferdinand von Walter, einem der Protagonisten des Dramas, vereinigt Schiller wesentliche Elemente dieser Epoche, sodass dieser als Prototyp des „Stürmers und Drängers“ gelten kann. Das Schlüsselwort für Ferdinand ist das „Herz“: Es steht für sein subjektives Empfinden, das er absolut setzt, das ihm als einzige Handlungsmaxime gilt.

3.8 Biografischer und historischer Hintergrund

Der Konflikt Schillers mit dem despotischen Herzog Karl Eugen

Die gesellschaftlichen und politischen Zustände, die Schiller seinem Stück zugrunde legt, beziehen sich auf die damalige Situation im *Herzogtum Württemberg* unter *Karl Eugen*, bei dem Schillers Vater als Militärarzt in Diensten stand. Mehrfach war Schiller von Handlungen des despotischen Herzogs betroffen. Als Kind musste er gegen seinen eigenen und gegen den Willen seiner Eltern in die herzogliche Militärakademie eintreten. Während seiner Tätigkeit als Regimentsmedikus wurde er vom Herzog mit 14 Tagen Arrest bestraft, weil er ohne dienstliche Erlaubnis zu einer Aufführung seines ersten Schauspiels *Die Räuber* nach Mannheim gereist war. Schließlich untersagte der Herzog wegen kritischer Passagen in den „Räubern“ dem jungen Schiller die Schriftstellerei. Kurz darauf floh Schiller aus dem Einflussbereich des Herzogs.

Soldatenhandel

In Karl Eugen erlebte Schiller ein Paradebeispiel für Prunk- und Verschwendungssucht. Repräsentative Bauten, aufwändige Festlichkeiten und kostspielige Unternehmungen zur Unterhaltung und zum Zeitvertreib der Hofgesellschaft mussten finanziert werden. Dies geschah hauptsächlich durch die Ausbeutung der Untertanen, denen rücksichtslos Geld abgepresst wurde, oder durch den Verkauf von Soldaten an andere Länder. Diese Praxis nahm während des Siebenjährigen Krieges ihren Anfang, als Schillers Vater in einem in Württemberg rekrutierten Söldnerregiment für Frankreich kämpfte, und war auch zur Zeit des amerikanischen Unabhängigkeitskrieges noch üblich, worauf im 2. Akt von „Kabale und Liebe“ angespielt wird. Hier lehnt Lady Milford, die Mätresse des Fürsten, dessen kostbares Geschenk ab, weil es durch den Verkauf von „Landeskindern“ nach Amerika bezahlt wurde.

Mätressenwesen

Es entsprach zu Schillers Zeit den allgemeinen Gepflogenheiten, dass Adelige sich Mätressen hielten. Diese Frauen erhielten hohe Geldsummen sowie Schmuck für ihre Dienste, wurden aber auch schnell durch andere ersetzt, nachdem der Fürst ihrer überdrüssig geworden war. Karls Eugens Mätresse und spätere Ehefrau Franziska von Leutrum war wegen ihres mäßigenden Einfluss auf den despotischen Herzog beim Volk sehr beliebt. Sie gilt als Vorbild für die Figur der Lady Milford.

Absolutistische Willkür

Die Gewaltbereitschaft und absolutistische Willkür des württembergischen Herzogs bekamen dessen Untertanen oft zu spüren, wenn Verhaftungen und Einkerkerungen ohne gerichtliches Urteil vom Karl Eugen angeordnet wurden. So geschah es auch im Falle des kritischen Journalisten und Dichters *Christian Friedrich Daniel Schubart,* der wegen der Herausgabe einer oppositionellen Zeitschrift 1777 verhaftet und mehr als zehn Jahre lang auf der Festung Hohenasperg festgesetzt wurde.

Eine Intrige am württembergischen Hof

Die Verbrechen, durch die Schiller in „Kabale und Liebe“ den Präsidenten ins Amt gelangen lässt, gehen ebenfalls auf tatsächliche intrigante Machenschaften im Herzogtum Württemberg zurück. Der skrupellose Machtpolitiker Graf Friedrich von Montmartin hatte sich das alleinige Vertrauen des Fürsten durch gefälschte Briefe gegen einen Rivalen um die Position des Ministers verschafft. Dieser wurde 1762 wegen angeblicher Kontakte ins Ausland als Hochverräter angeklagt und ins Gefängnis geworfen.

3.9 Charakterisierung Ferdinand von Walter

Ferdinand ist der Sohn des Präsidenten von Walter, der für ihn eine Karriere bei Hof vorgesehen hat. Er hat eine militärische Ausbildung durchlaufen und den Dienstgrad eines Majors erlangt. Doch er lehnt sowohl das höfische Leben mit seinen politischen Ränken als auch die unlauteren Herrschaftsmethoden seines Vaters ab. Ferdinand will sein Handeln nicht an bestehende gesellschaftliche Strukturen, welche er nicht akzeptiert, anpassen, sondern seine eigenen Wünsche und Ideale verwirklichen. Von den Ideen der Aufklärung geprägt, sieht er den Absolutismus als ungerechte Herrschaftsform an; die Abgrenzung der Stände gegeneinander erscheint ihm im Widerspruch zur natürlichen Ordnung.

Seine Liebe zur Bürgerstochter Luise setzt er absolut, für sie wäre er bereit, aus seinem Stand auszubrechen und mit ihr zu fliehen. Dass ein solcher Fluchtplan sowie ein idyllisches Leben mit der Geliebten an einem fremden Ort in der Realität kaum Bestand hätte, ignoriert er. Bedenken und Zweifel von Seiten Luises lässt er nicht gelten, sondern interpretiert sie unreflektiert als Verrat an seiner Liebe. Diese Reaktion, die schließlich zur Katastrophe führt, ist seinem aufbrausenden, egozentrischen Wesen zuzuschreiben, das ihn anfällig für die Intrigen seiner Widersacher macht. Als er erkennt, dass seine kompromisslose Liebe, die seinem Ideal von einer ständelosen Gesellschaft entspricht, nur im Tode realisierbar ist, fühlt er sich im Recht, Luises Leben und seinem eigenen ein Ende zu setzen.

3.10 Charakterisierung Luise Miller

Die sechzehnjährige Luise ist die Tochter des Hofmusikanten Miller, der ein gutbürgerliches Ansehen genießt. Die Bindung Luises an ihren Vater ist sehr eng, was sich darin zeigt, dass seine Autorität in entscheidenden Lebenssituationen ihre Wünsche und ihr Handeln beeinflusst. Millers Ablehnung der unstandesgemäßen Verbindung zwischen seiner Tochter und dem Sohn des Präsidenten lassen auch Luises Zweifel an einer gemeinsamen Zukunft mit Ferdinand wachsen. Aus Liebe zu ihrem Vater weigert sich die junge Frau, den Fluchtplänen des Geliebten zuzustimmen. Um ihre Eltern - vor allem den Vater - aus der Hand des Präsidenten zu befreien, schreibt sie den falschen Liebesbrief an von Kalb; und schließlich, aus Gewissensgründen, aber auch unter dem Druck des Vaters, gibt sie vor Ferdinand zu, die Verfasserin des Schreibens zu sein, was letztendlich zur Katastrophe führt.

Aufgrund des festen Platzes, den Luise innerhalb ihrer Familie einnimmt und der christlichen Erziehung, die ihr von den Eltern zuteilwurde, hat die junge Frau die religiösen und moralischen Werte des Bürgertums verinnerlicht. Im Gegensatz zu Ferdinand, der „zwischen den Ständen“ steht, einerseits die Intrigen seines Vaters ablehnt, andererseits aber auch in der bürgerlichen Welt auf Misstrauen stößt, fühlt sich Luise fest in ihren Stand eingebunden, der ihr Sicherheit und Ordnung garantiert. Sie akzeptiert die Standesgrenzen und ist sich bewusst, dass sie und Ferdinand in verschiedenen Welten leben.

Obwohl sie deutlich sieht, dass ihre Liebe *„die Fugen der Bürgerwelt auseinander treiben und die allgemeine ewige Ordnung zugrund stürzen würde“* (III,4), kann sie ihre Gefühle für den Major nicht unterdrücken. Hin- und hergerissen zwischen der moralischen Verpflichtung, die sie ihrer Herkunft schuldig zu sein glaubt, und der – in ihren Augen – in der Realität aussichtslosen Liebe zu Ferdinand, kann sie sich nicht zu einer für sie verantwortbaren Entscheidung durchringen. Nur der Tod, der alle Standesunterschiede aufhebt, könnte ihr im Jenseits die ersehnte Vereinigung mit Ferdinand ermöglichen, wie Luise bereits bei ihrem ersten Auftreten (I,3) andeutet; diese Vorahnung wird sich im letzten Akt erfüllen.

3.11 Charakterisierung Präsident von Walter

Präsident von Walter, Ferdinands Vater, hat ein hohes Regierungsamt am Hofe des Fürsten inne. Sein gesamtes Denken und Handeln ist auf den Erhalt und die Verstärkung seiner einflussreichen Stellung ausgerichtet. Dementsprechend bilden Korruption und Verbrechen, wie die Ermordung seines Vorgängers, die Grundlage seines Aufstiegs. Ebenso wenig wie der despotische Fürst schreckt er vor illegalen Maßnahmen zurück, wenn es um die Durchsetzung seiner eigenen Interessen geht. Die Menschen in seinem Umfeld, für die er Verantwortung tragen müsste, benutzt er nur als Mittel zum Zweck. So plant er die Verheiratung seines Sohnes mit Lady Milford, der Mätresse des Herzogs, um seiner Familie eine langfristige Machtposition an dessen Hofe zu sichern. Dass für Ferdinand andere Werte zählen und dieser Gefühle für eine Bürgerliche hegt, ist dem Präsidenten gleichgültig, was seinem herrischen und egoistischen Wesen entspricht.

Erst als die Intrige nicht wie geplant aufgeht und Ferdinand durch seine Schuld im Sterben liegt, zeigt der Präsident Reue und scheint zu erkennen, dass sein einzig auf persönlichen Nutzen ausgerichtetes Denken falsch war. Widerstandslos lässt er sich abführen; er ist bereit, sich für seine Verbrechen vor Gericht zu verantworten.

3.12 Charakterisierung Lady Milford

Lady Milford stammt aus einem angesehenen Fürstengeschlecht und wuchs als Johanna von Norfolk in England auf. Ihre Eltern kamen am selben Tag ums Leben: Der Vater, Thomas von Norfolk, oberster Kämmerer des Königs, wurde wegen Hochverrats hingerichtet, die Mutter starb aus Kummer über den Verlust. Nachdem die Familie ihr gesamtes Vermögen verloren hatte und Johanna des Landes verwiesen wurde, floh sie als junges Mädchen nach Deutschland, wo sie mit ihrer alten Kinderfrau ein armseliges Leben führte. Durch Zufall sah sie der Fürst, begehrte sie als Mätresse und ermöglichte ihr so fortan ein Leben im Überfluss, so wie sie es von frühester Kindheit an gewohnt war. Obwohl sie den Luxus am Fürstenhof schätzt und großen Einfluss auf den Regenten ausübt, kann sie ihre Position als Konkubine nicht mit ihrem Gewissen vereinbaren, da sie nicht ihrer adeligen Herkunft entspricht.

Die Vorwürfe Ferdinands, sie habe ihre Freiheit und ihre Ehre um der Privilegien willen, die sie am Fürstenhof genießt, verkauft, treffen sie tief. Sie eröffnet ihm die Beweggründe für ihr Handeln und auch, dass sie oft mäßigend auf die Neigung des Fürsten zu Tyrannei und Gewalt eingewirkt und so die Unterdrückung der Untertanen gemildert habe. Sie fürchtet in der Öffentlichkeit ihr Gesicht zu verlieren und hält deshalb zunächst an dem Vorhaben fest, Ferdinand zu heiraten, obwohl er ihr seine Liebe zu einer Bürgerlichen gestanden hat. Nach dem Gespräch mit Luise besinnt sie sich jedoch auf ihre eigenen sittlichen Wertmaßstäbe und gibt Ferdinand, den sie aufrichtig liebt, auf.

So zwiegespalten wie ihr Verhalten ist auch ihre Einstellung zur absolutistischen Ordnung: Einerseits geben ihr ihr Reichtum und ihre gesellschaftliche Position ein Gefühl der Überlegenheit, das sie bei der Begegnung mit Luise geltend macht, um das Bürgermädchen zu beeindrucken. Andererseits stellt sie in der „Kammerdienerszene" ihr kritisch-aufgeklärtes Denken unter Beweis, indem sie sich dem Willen des Herzogs widersetzt und befiehlt, die ihr zugedachten Brillanten zugunsten der Armen zu verkaufen. Sie ist bestrebt, moralisch richtig zu handeln, so wie es ihren eigentlichen Wertmaßstäben entspricht, die sie durch Erziehung und Bildung verinnerlicht hat. Nach Luises Besuch beschließt sie endgültig, fortan ein Leben im Einklang mit ihren moralischen Grundsätzen zu führen und ihre einflussreiche Stellung bei Hofe aufzugeben. Da ihr Äußerlichkeiten wie ihr Vermögen nun nichts mehr bedeuten, verschenkt sie es an ihre Dienerschaft und verlässt das Land.

3.13 Die Theaterkonzeption Friedrich Schillers

1784 hielt Schiller einen Vortrag über seine Vorstellungen vom Theater und von der dramatischen Literatur: *„Die Schaubühne als eine moralische Anstalt betrachtet"*. Einige seiner im Aufsatz vorgebrachten Ideen liegen dem fast zeitgleich entstandenen Drama *„Kabale und Liebe"* zugrunde.

Für Schiller leistet die Schaubühne einen weit reichenden Beitrag zur *„Menschen- und Volksbildung"* im Staat. Er stellt das Theater in seiner Bedeutung der Religion gleich, da es, analog zu dieser, dem Menschen positive Leitlinien für das Zusammenleben an die Hand gibt. Während Gesetze *„sich nur um verneinende Pflichten [drehen]"*, nur durch Verbote Orientierung bieten, hat die Schaubühne einen *„sittlichen Einfluss"* auf das Fühlen und Handeln. Wie die Religion wirkt sie vor allem durch „das Sinnliche", durch die Anschauung, und kann so das menschliche Herz besser erreichen *„als toter Buchstabe und kalte Erzählung"*. Außerdem macht die *„Gerichtsbarkeit der Bühne"* auch dort ihren Einfluss geltend, wo *„Gerechtigkeit für Gold verblindet"*, das heißt, wo durch korrupte Justiz und Furcht vor der Obrigkeit ein gerechtes Urteil unterbunden wird. Als Ergänzung zu den göttlichen und den weltlichen Gesetzen erweist das Theater dem Staat so einen wichtigen Dienst.

Der Ansatzpunkt der Bühne ist ein didaktisch-psychologischer, der zwar menschliches Fehlverhalten nicht unbedingt verhindern kann, aber doch die entsprechende Wachsamkeit fördert. Sie dient dem Bürger als *„Schule der praktischen Weisheit"*, als *„Wegweiser durch das [...] Leben"*, indem sie menschliches Handeln – sei es moralisch gut oder schlecht – offen legt und auf diese Weise der Gesellschaft *„den Spiegel [ihrer eigenen Laster und Tugenden] vorhält"*. Erkennt der Zuschauer auf der Bühne sein eigenes Verhalten wieder, wird er die Beweggründe für dieses stärker berücksichtigen und nachsichtiger urteilen. Wenn schließlich *„Menschlichkeit und Duldung [anfangen], der herrschende Geist [der] Zeit zu werden"*, dann hat die Schaubühne eines ihrer wichtigsten Ziele erreicht, nämlich die Förderung von Toleranz und Humanität in weiten Teilen der Gesellschaft.

Indem die Schaubühne gemäß diesem Prinzip *„Vergnügen mit Unterricht gattet"*, sowohl moralische Richtlinien bereitstellt als auch unterhaltend wirkt, erreicht sie den ganzen Menschen, schärft seine Sinne und bildet ihn. Die „künstliche" Welt der Bühne verschafft ihm einen Ausgleich zur wirklichen, in der *„tausend Lasten [seine] Seele drücken"* und führt ihm das Wesentliche seiner Existenz vor Augen. Die höchste Leistung der Schaubühne ist deshalb für Schiller die Vermittlung der Empfindung *„ein Mensch zu sein"*.

3.14 Der Aufbau des Dramas

Anders als viele Dichter des Sturm und Drang, die die Regeln der traditionellen Dichtkunst sehr frei handhabten, folgt Schiller bei *Kabale und Liebe* im Wesentlichen dem klassischen Aufbau des fünfaktigen Theaterstücks. Die strenge Dramenstruktur nach dem aristotelischen Modell wurde 1863 von Gustav Freytag in seinem Lehrbuch „Technik des Dramas" zusammengefasst. Der sogenannte *„pyramidale Aufbau"* gilt als richtungweisend für die geschlossene Form:

Akt 1:

Der erste Akt bildet die Exposition. Die Protagonisten, welche exemplarisch die beiden gegensätzlichen Lebensbereiche – Adel und Bürgertum – repräsentieren, werden eingeführt. Die unstandesgemäße Liebesbeziehung zwischen Luise und Ferdinand stellt die Weichen für den Konflikt, der sich im weiteren Verlauf entwickeln und konkretisieren wird.

Akt 2:

Im zweiten Akt nimmt die Handlung einen steigenden Verlauf, indem die in der Exposition sich bereits anbahnenden Entwicklungen kontinuierlich weitergeführt werden. Gefahren von außen treten an die Liebesbeziehung heran und Zweifel an deren Widerstandsfähigkeit gegen die gesellschaftlichen Konventionen werden in den Beteiligten laut. In II,6 kommt es zum offenen Konflikt zwischen den Ständen, als Miller vom Präsidenten bedroht und unter Druck gesetzt wird. Letzterer muss erkennen, dass er die Liebenden nicht allein durch seine Befehlsgewalt trennen kann, was seinen Zorn und seinen Widerstand umso mehr steigert.

Akt 3:

Der dritte Akt enthält den Höhepunkt des Stücks, die Planung und Durchführung der Intrige. Mit dem fingierten Liebesbrief und dem Eid, der Luise abverlangt wird, um dessen Abfassung als freiwillige auszugeben, kommt es in III,6 zur Peripetie, zur entscheidenden Wende der Handlung: Die Katastrophe scheint unausweichlich zu sein.

Akt 4:

Im vierten Akt spitzt sich der Konflikt weiter zu. Erste Auswirkungen der Intrige treten zutage, als Ferdinand, von der Untreue seiner Geliebten überzeugt, sich auf die Seite seines Vaters stellt. Die Entscheidung Lady Milfords, auf Ferdinand zu verzichten und sich vom korrupten Hofleben loszusagen, gibt dem Zuschauer Anlass zur Hoffnung, dass die Liebenden letztendlich doch zusammenfinden werden. Die Katastrophe könnte verhindert werden – so glaubt er zumindest. Die Abreise der Lady fungiert jedoch nur als sogenanntes retardierendes Moment, d.h. die fallende Handlung wird lediglich verzögert.

Akt 5:

Der fünfte Akt führt alle Entwicklungen, Missverständnisse und Konsequenzen der Intrigen zusammen: Der Konflikt löst sich in die Katastrophe auf. Ferdinand und Luise sterben durch Gift, Miller und Präsident von Walter verlieren durch den Tod ihrer Kinder alles, was ihnen in ihrem Leben wertvoll war.

Gemäß dem klassischen Prinzip hält sich Schiller in „Kabale und Liebe" an die Einheit der Zeit, denn die Handlung findet innerhalb von 24 Stunden statt. Die im aristotelischen Modell geforderte Einheit des Ortes vernachlässigt er hingegen: Das Geschehen spielt sich an mehreren Schauplätzen ab, wobei das *Zimmer beim Musicus* und der *Saal des Präsidenten* jeweils den Rahmen für unterschiedliche Lebensräume – die des Bürgertums und die des Adels - bilden. Durch den Wechsel zwischen den Schauplätzen im Verlauf des Stücks werden beide Welten einander plastisch gegenübergestellt.

Gegen das Prinzip von der Einheit der Handlung verstößt Schiller durch die Integration einer Nebenhandlung in das Geschehen: Lady Milfords Auftreten bekommt durch ihr aufgeklärtes Denken und Verhalten sowie ihre Kritik an der Herrschaftspraxis des Fürsten einen eigenen wichtigen Stellenwert.

Die *Ständeklausel* des klassischen Dramas kann in „Kabale und Liebe", einem Drama, das den Konflikt zwischen Adel und Bürgertum thematisiert, nicht gelten. Die handelnden Personen müssen verschiedenen Ständen angehören, um in ihrer Funktion glaubwürdig zu bleiben.

3.15 Sprachliche Ebenen in Kabale und Liebe

Ihre Sprache charakterisiert die Figuren des Dramas als Angehörige einer bestimmten gesellschaftlichen Schicht mit unterschiedlichen standesbedingten Wertvorstellungen.

Die Eheleute Miller repräsentieren die kleinbürgerliche Welt und verwenden dementsprechend eine einfache, direkte und zum Teil auch derbe Sprache. Besonders Miller nennt die Dinge beim Namen, weist seine Frau mit groben Worten zurecht, wenn ihm der Sinn danach steht (z. B. in I,1 und I,2), und zeigt auch in der Auseinandersetzung mit dem Präsidenten keine Scheu, sich klar und unmissverständlich auszudrücken: *„Ohrfeig' um Ohrfeig' [...], aber den ungehobelten Gast werf ich zur Tür hinaus."*. Während Frau Miller in naiv-zuvorkommender Weise ihre Sprache manchmal selbst karikiert – etwa durch die falsche Verwendung von Fremdwörtern im Gespräch mit dem Sekretär Wurm – ist ihr Mann auch fähig, Ironie einzusetzen: *„Solang der Hof da noch Vorrat hat (i.e. an Buhlschaften), kommt die Lieferung nicht an uns Bürgersleut."*

Auf der anderen Seite steht die höfische Welt, vertreten durch den Präsidenten, dessen Sprache seiner Position entsprechend meist befehlend-arrogant ist, durch Sekretär Wurm, der, obgleich bürgerlicher Herkunft, die geschliffene, distanzierte Ausdrucksweise des Hofes angenommen hat und durch Hofmarschall von Kalb, einen Emporkömmling, der sich mit Hilfe preziösgekünstelter Phrasen und französischer Fremdwörter den „Höhergestellten" angleichen will: *„Aber ich, – mon Dieu! – was bin dann ich, wenn mich Seine Durchleucht entlassen?"*

Lady Milford, Ferdinand und Luise nehmen eine Sonderstellung ein: Die Lady wechselt je nach Situation und Stimmung vom affektierten, höfischen Idiom, das sie ihrer gesellschaftlichen Stellung schuldig zu sein glaubt, zu emotionaler, spontaner Schlichtheit.

Ferdinand ist aufgrund seiner standesgemäßen Erziehung und seiner adligen Prägung gewohnt, Befehle zu geben und keinen Widerspruch oder Einwand gelten zu lassen, was ihn teilweise zu arroganten und zynischen Bemerkungen – auch Luise gegenüber - verleitet. Seine Leidenschaft und sein starker Wille, die er absolut setzt, um seine Ziele durchzusetzen, lassen ihn häufig bildhafte Elemente des Pathos gebrauchen: *„Höre, Luise – Ein Gedanke, groß und vermessen wie meine Leidenschaft, drängt sich vor meine Seele – Du, Luise, und ich und die Liebe! – Liegt nicht in diesem Zirkel der ganze Himmel?"*

Luises Sprache ist nicht einheitlich, sondern variiert je nach Situation. Während sie in Gesprächen mit ihrem Vater oder Ferdinand ihren Empfindungen schlicht, aber glaubhaft Ausdruck verleiht, zeigt sie sich bei Lady Milford nicht nur moralisch, sondern auch sprachlich als die Überlegene. Durch scharfe Ironie und gewandte Erwiderungen gelingt es ihr, die Lady in ihre Schranken zu weisen.

3.16 Inhalt Szene I, 4

Ferdinand von Walter besucht Luise, um sich ihrer Liebe zu vergewissern. Er merkt, dass die Geliebte etwas bedrückt und fragt sie eindringlich nach der Ursache ihres Kummers. Luise, durch die Einwände ihres Vaters verunsichert, weist auf den gesellschaftlichen Unterschied zwischen ihr und Ferdinand hin. Sie sieht die Gefahren, die ihrer nicht standesgemäßen Verbindung drohen und befürchtet, dass ihre Liebe vor diesen in Zukunft nicht bestehen kann.

Der junge Major beteuert die Aufrichtigkeit seiner Gefühle und versucht, Luises Zweifel zu zerstreuen. Er deutet sogar an, das bürgerliche Mädchen zu heiraten und sich gegen seinen mächtigen Vater zu stellen, da für ihn nur ihrer beider Liebe zählt, die die Standesgrenzen überwindet. Um Luise ihre Angst zu nehmen, beschwört er sie, nur ihm zu vertrauen, da er über sie wachen werde: *„Mir vertraue dich! Du brauchst keinen Engel mehr – Ich will mich zwischen dich und das Schicksal werfen [...]."*

Dennoch gelingt es ihm nicht, Luises Bedenken vollends zu entkräften. Sie wirft Ferdinand vor, Unruhe in ihr ehemals friedvolles Leben gebracht und in ihr „wilde" Wünsche geweckt zu haben, die ihr – wie sie zu wissen glaubt - nicht zustehen. Danach verlässt sie fluchtartig den Raum.

3.17 Interpretation Szene I, 4

Nachdem die Beziehung zwischen Luise und Ferdinand in den ersten drei Szenen von außen – von Seiten der Eltern und des Sekretärs Wurm – beleuchtet wurde, erhält der Zuschauer nun, beim ersten gemeinsamen Auftritt der Liebenden, einen Eindruck davon, wie die beiden jungen Leute selbst ihre Liebe zueinander sehen und erfahren. Deren unterschiedliche Charaktere treten dabei deutlich zutage.

Ferdinand sieht die Liebe als ein Menschenrecht an, das über den gesellschaftlichen Zwängen steht. Deshalb ist er bereit, die Standesschranken zu überwinden und fordert von der Geliebten dasselbe. Deren Befürchtungen, dass ihre Verbindung an der sozialen Wirklichkeit scheitern werde, lässt er nicht gelten oder wertet sie als Ausflüchte einer Zweifelnden, die sich ihrer Liebe nicht sicher ist. Er als „Edelmann" habe die Möglichkeit, sein Schicksal aktiv zu gestalten, Hindernisse seien dazu da, mit der Kraft des freien Willens überwunden zu werden: *„Ich fürchte nichts – nichts – als die Grenzen deiner Liebe. Lass auch Hindernisse wie Gebirge zwischen uns treten, ich will sie für Treppen nehmen und drüber hin in Luisens Arme fliegen."* Durch die Wiederholung des Pronomens „nichts" und den Vergleich im folgenden Satz wird zum einen Ferdinands Entschlossenheit, sich über alle Widerstände hinwegzusetzen, betont, zum anderen zeigt sich darin auch ein gewisses Maß an Realitätsferne. Die mehrfache Verwendung des Verbs „fliegen" (siehe auch die Regieanweisung zu Beginn der Szene: „Er fliegt auf sie zu") sowie anderer Verben der Bewegung („springt auf") unterstreicht Ferdinands Ungestüm und seine Bereitschaft, diese Liebe trotz - oder gerade wegen - aller Schwierigkeiten, die sich ihm in den Weg stellen, zu leben.

Dieselbe Leidenschaft und unbedingte Bejahung der Beziehung, die der junge Mann an den Tag legt, erwartet er auch von Luise, die er ganz für sich beansprucht. Sprachlich wird dies durch rhetorische Fragen sowie die wiederholte Anrede der Geliebten mit dem Possessivpronomen *„meine [Luise]"* zum Ausdruck gebracht: *„Und liebt mich meine Luise noch? [...] Du bist meine Luise. Wer sagt dir, dass du noch etwas sein solltest?"*

In dieser Szene, die als Teil der Exposition die Aufgabe hat, die Protagonisten in ihren Grundzügen vorzustellen, offenbart sich bereits Ferdinands egozentrisches Wesen, da er die Geliebte uneingeschränkt für sich beansprucht. Weitere rhetorische Fragen in Verbindung mit einem Chiasmus im Satzbau verdeutlichen sein Verlangen nach kompromissloser Liebe, die keine rationalen Einwände gelten lässt: *„Wärest du ganz nur Liebe für mich, wann hättest du Zeit gehabt, eine Vergleichung zu machen? Wenn ich bei dir bin, zerschmilzt meine Vernunft in einen Blick - in einen Traum von dir, wenn ich weg bin; und du hast noch eine Klugheit neben deiner Liebe?"*

Obwohl Luise den jungen Adligen aufrichtig liebt, erkennt sie doch auch die Probleme, die ihre Beziehung aufgrund des Standesunterschiedes bedrohen. Trotz aller Beschwörungen Ferdinands, dass sie ihm vertrauen solle, kann Luise weder ihre Ängste ablegen noch seinen Worten Glauben schenken, dass eine solche Liebe wie die ihre gegen alle Anfechtungen von außen bestehen könne. Mit Hilfe bildlicher Ausdrücke veranschaulicht Luise ihre Weigerung, ihre realistische Sichtweise der Situation aufzugeben: *„Du willst mich einschläfern, Ferdinand – willst meine Augen von diesem Abgrund hinweglocken, in den ich ganz gewiss stürzen muss."* Ihre Bedenken und Ängste gipfeln in Visionen von einer bevorstehenden Trennung, sprachlich ausgedrückt durch Ausrufe und Parataxen, die Luises innere Zerrissenheit widerspiegeln: *„Ich seh' in die Zukunft – die Stimme des Ruhms – deine Entwürfe – dein Vater – mein Nichts. [...] Ferdinand! Ein Dolch über dir und mir! – Man trennt uns!"*

Bereits zu Beginn der Szene erscheint die junge Frau laut Regieanweisung *„entfärbt"* und *„matt"*; im weiteren Verlauf des Gesprächs bringen ihre Mimik und Gestik immer stärker ihren Pessimismus und ihre Hoffnungslosigkeit angesichts der ihr ausweglos erscheinenden Lage zum Ausdruck: *Luise (sieht ihn eine Weile stumm und bedeutend an, dann mit Wehmut) [...] (fasst seine Hand, indem sie den Kopf schüttelt) [...] (drückt ihn von sich, in großer Bewegung) [...]*

Bevor Luise fluchtartig die Szene verlässt, wirft sie dem Geliebten vor, er habe ihr den Seelenfrieden geraubt und ihr mit seinen Liebesbeteuerungen Anlass zu Hoffnungen gegeben, die ihr nicht zustünden. Sprachlich betonen die Alliteration *„wilde Wünsche"* sowie die Metapher vom *„Feuerbrand"* Luises Verzweiflung, machtlos gegen diese Liebe zu sein: *„Ich hatte diese Träume vergessen und war glücklich - [...] – der Friede meines Lebens ist aus – Wilde Wünsche – ich weiß es – werden in meinem Busen rasen. [...] Du hast den Feuerbrand in mein junges, friedsames Herz geworfen, und er wird nimmer, nimmer gelöscht werden."*

3.18 Inhalt Szene II, 2

Ein Kammerdiener übergibt Lady Milford wertvolle Brillanten als Hochzeitsgeschenk des Herzogs. Erschrocken angesichts der Kostbarkeit des Präsents will die Lady wissen, wie viel der Herzog für die Edelsteine bezahlen würde. Daraufhin erzählt ihr der Kammerdiener, dass der Schmuck durch den Verkauf von *„siebentausend Landeskindern"*, die als Soldaten im amerikanischen Bürgerkrieg kämpfen sollen, finanziert worden sei. Die Beschenkte reagiert entsetzt und empört, nachdem sie vom Kammerdiener, dessen Söhne ebenfalls verkauft wurden, Näheres über die grausamen Methoden des Menschenhandels erfahren hat. Der Gedanke, sich auf Kosten des Leids anderer mit Edelsteinen zu schmücken, ist für Lady Milford, die sich schon früher sehr oft zugunsten der Untertanen eingesetzt hat, unerträglich. Deshalb befiehlt sie, ungeachtet der Gefahr, dadurch beim Herzog in Ungnade zu fallen, den Schmuck zu verkaufen und den Erlös armen Familien zukommen zu lassen. Die Bedenken und Einwände ihrer Kammerjungfer lassen sie ungerührt.

Als kurz darauf Major von Walter angekündigt wird, kann die Lady, die sich während der gesamten Szene stark und selbstbewusst gezeigt hat, ihre Verwirrung und Unsicherheit über den Besuch nicht verbergen.

3.19 Interpretation Szene II, 2

Das Hauptthema dieser Szene ist die Anklage der unmenschlichen Praktiken, mit denen der Geldbedarf für die absolutistische Hofhaltung gedeckt wurde. Der Verkauf von *„Landeskindern"* als Soldaten an eine Krieg führende Macht, in diesem Fall an England, um den höfischen Luxus zu finanzieren, wird konkret angesprochen und von einer Angehörigen des Hofes kritisiert.

Lady Milford, die Mätresse des Fürsten, erhält wertvolle Brillanten, die ihr der Herzog als Hochzeitsgeschenk vom Kammerdiener überbringen lässt. Als die Lady jedoch von jenem erfährt, mit welch unmenschlichen Methoden der Schmuck finanziert wurde, zeigt sie sich entsetzt über das Geschehen. Trotz ihrer Position als *„Favoritin des Fürsten"* wahrte sie stets im Innern Distanz zum *„giftigen Wind des Hofes"* und verstand sich als Wohltäterin des Volkes. Nun wird ihr bewusst, dass auch sie von dem moralisch verwerflichen Handeln des Fürsten profitiert. Ihre Erschütterung über diese Erkenntnis wird in anschaulichen Regieanweisungen wie *„wendet sich bebend weg"* oder *„mit starkem Schritt auf und nieder gehend"* angegeben und in eindrucksvollen Metaphern ihrer Rede zum Ausdruck gebracht: *„Weg mit diesen Steinen – sie blitzen Höllenflammen in mein Herz."[...]*

„Soll ich den Fluch seines [des Herzogs] Landes in meinen Haaren tragen?" [...] Oder willst du [Sophie], dass ich unter dem schrecklichen Geschirr solcher Tränen zu Boden sinke?"

Obwohl sie sich dadurch den Zorn des Fürsten zuziehen wird, schlägt die Lady das Geschenk aus. Sie zeigt sich tief berührt vom persönlichen Leid des Kammerdieners, dessen Söhne ebenfalls verschleppt wurden und befiehlt, die Edelsteine zu veräußern und mit dem Erlös arme Familien zu unterstützen. Dieses Verhalten spiegelt das humane, aufgeklärte Denken der Lady sowie ihre Charakterstärke wieder: Sie hat den Mut, sich sowohl auf ihren Verstand zu berufen als auch ihrem Gefühl zu vertrauen und sich so den rechtswidrigen und unmenschlichen Aktionen des Fürsten zu widersetzen. Die Bedenken ihrer Kammerjungfer Sophie, die aus Pragmatismus eine unreflektierte Anpassung an die Macht des Fürsten vertritt und ihrer Herrin deshalb von einer solch eigenmächtigen Entscheidung abrät, können Lady Milford nicht davon abhalten, das zu tun, was ihr als das moralisch Richtige erscheint: *„Geh, Sophie – Es ist besser, falsche Juwelen im Haar und das Bewusstsein dieser Tat im Herzen zu haben!"*

Der Kammerdiener als Vertreter des Volkes führt dem Zuschauer die Ohnmacht des Volkes vor Augen, das sich gegenüber solchen Verstößen gegen das Menschenrecht nicht wehren kann. Ihm bleibt nur die Hoffnung auf den göttlichen Rechtsspruch *„am jüngsten Gericht"*.

Die vorliegende Szene dient als Hintergrund, um die Unbarmherzigkeit des absolutistischen Herrschaftssystems aufzuzeigen. Sie enthält zwar noch Momente der Exposition, indem sie die bestehenden Konflikte zwischen dem Adel und dem Volk aufgreift und thematisiert. Diese spitzen sich aber im weiteren Verlauf der Handlung immer stärker zu, sodass II, 2 der steigenden Handlung nach dem klassischen Dramenmodell zuzuordnen ist.

3.20 Inhalt Szene III, 6

Der Szenenauszug setzt ein, nachdem Luise von der Verhaftung ihrer Eltern erfahren hat. Sekretär Wurm erklärt ihr, dass es nur ein Mittel gebe, diese zu befreien: Luise müsse einen Brief, den Wurm ihr diktieren werde, *„an den Henker [ihres] Vaters"* schreiben. Zuerst weigert sich die junge Frau noch, auf Wurms suggestiven Vorschlag einzugehen, doch jener treibt sie so sehr in die Enge, dass sie schließlich resigniert und den Brief an einen fingierten Geliebten aufsetzt. *„Nunmehr ist alles gleich. Diktieren Sie weiter! Ich denke nichts mehr. Ich weiche der überlistenden Hölle."*

Nach und nach wird Luise bei der Niederschrift des Briefes klar, wie teuflisch ausgeklügelt die Intrige ist, deren Opfer sie sein soll. Unter Aufbietung all ihrer seelischen Kräfte gelingt es ihr, den Brief zu Ende zu bringen und an *„Herrn Hofmarschall von Kalb [...] - ein Name so fremd [ihren] Ohren, als [ihrem] Herzen diese schändlichen Zeilen"* zu adressieren.

Wurm gibt vor, Mitleid mit der von ihm Gedemütigten zu haben und deutet an, dass er immer noch bereit wäre, sie zur Frau zu nehmen. Doch Luise weist ihn mit der Drohung ab, dass sie ihn *„in der Brautnacht erdrosselte"* und sich danach freiwillig selbst dem Henker übergeben würde. Zuletzt zwingt Wurm die Musikertochter noch dazu, mit einem Eid zu beschwören, dass sie den Brief aus freien Stücken verfasst habe. Luises Widerstand ist gebrochen; sie beugt sich seinem Willen.

3.21 Interpretation Szene III, 6

Wurm und Luise treffen in dieser Szene zum ersten Mal auf der Bühne zusammen, sind sich jedoch nicht unbekannt. Luise weiß um die Ambitionen des Sekretärs, sie zur Frau zu nehmen sowie um seine Verbindungen zum Präsidenten. Sie ahnt, dass Wurm vor keinem Mittel zurückschrecken würde, um seine Ziele durchzusetzen und verachtet ihn dafür. Deshalb stellt sie ihn während der gesamten Szene mehrfach in einen ausdrücklichen Zusammenhang mit dem Teufel und der Hölle: *„[...] o Himmel! [...] Warum diesen blutsaugenden Teufel mir auf den Nacken setzen?" [...] „Ich denke nichts mehr. Ich weiche der überlistenden Hölle."*

Da gerade Wurm es ist, der ihr von der Verhaftung ihrer Eltern berichtet und ihr die einzige Möglichkeit, sie zu retten, eröffnet hat, ahnt Luise bereits, dass er etwas Teuflisches im Sinne führt. Ihre Vermutung bestätigt sich, als Wurm ihr den falschen Brief abnötigt und ihr während der Niederschrift das Ausmaß der verwerflichen Tat immer mehr bewusst wird. So weigert sich die junge Frau zunächst noch, dem Willen des Sekretärs Folge zu leisten, doch dieser versteht es, die Musikertochter in seinem Sinne umzustimmen, indem er sie ironisch und emotionslos auf die Ausweglosigkeit der Situation hinweist: *„Wie Sie wollen, Mademoiselle! Das steht ganz in Ihrem Belieben." [...]*

Luises Resignation findet sowohl in ihrer Gestik und Mimik als auch in ihrer Sprache Ausdruck; die Regieanweisungen unterstreichen ihre innere Unruhe: Luise (*hält inne, steht auf, geht auf und nieder, den Kopf gesenkt, als suchte sie was auf dem Boden; dann setzt sie sich wiederum, schreibt weiter*) [...] Als sie sich zum zweiten Mal setzt, hat Luise erkannt, dass ihr keine andere Wahl bleibt als Wurms Forderung nachzukommen: *„Nunmehr ist alles gleich. Diktieren Sie weiter!"* Scheinbar bestätigend bittet sie mehrfach um Fortsetzung von Wurms Diktat und kommentiert das Geschriebene sarkastisch: *„O schön, schön! o herrlich! – Nur immer fort."*

Als die junge Frau Wurm schließlich den fertigen Brief übergibt, händigt sie ihm gleichsam ihre gesamte Identität aus. Mit den Worten *„Ich bin eine Bettlerin"* gibt sie Wurm zu verstehen, dass nichts mehr von dem übrig bleibt, was ihr im Leben wichtig war. Jener hält nun seine eigenen Hoffnungen nicht länger versteckt. Er heuchelt Mitleid mit Luise und deutet an, dass er sich weiterhin vorstellen könnte, sie zu heiraten. Diese weist ihn jedoch voller Abscheu ab, indem sie ihm versichert, sie würde ihn *„in der Brautnacht erdrossel[n]"* und sich danach freiwillig hinrichten lassen.

Wohl wissend, dass ein Eid *„bei dieser Menschenart alles"* (III, 1) bedeutet, zwingt Wurm Luise, ebendiesen auf die Echtheit des Briefes zu schwören. So kann er sich ihres Schweigens sicher sein, da sie sich aufgrund ihrer religiösen Erziehung unter allen Umständen an einen Schwur vor Gott halten wird.

Die vorliegende Szene gilt im klassischen Aufbau als Peripetie des Dramas: Die Vorbereitungen für die Kabale sind nun abgeschlossen, so dass deren katastrophale Auswirkungen im weiteren Verlauf der Handlung des Dramas unabwendbar scheinen.

3.22 Inhalt Szene IV, 7

Lady Milford hat Luise zu sich rufen lassen, um sich ein Bild von der Rivalin zu machen. Als diese eingetroffen ist, lässt die Mätresse des Fürsten sie den Standesunterschied zwischen ihnen deutlich spüren, indem sie ihre Machtposition hochmütig zur Schau stellt und die Musikertochter mit aufgesetzter Herablassung behandelt. Zunächst reagiert Luise wie erwartet: *„Schüchtern"* tritt sie auf und bringt der adeligen Lady die gebotene Demut entgegen. Doch im weiteren Verlauf des Dialogs - so auch im hier zu untersuchenden Auszug - gewinnt Luise mehr und mehr an Sicherheit und kontert die Angriffe der Lady ironisch und souverän.

Der Szenenauszug setzt ein, nachdem die Lady Luise angeboten hat, Sophies Nachfolgerin als ihre Kammerzofe zu werden. Luise lehnt jedoch ab, woraufhin ihr die Milford kindliche Eitelkeit und Undankbarkeit vorwirft. Die solcherart angegriffene Luise, die bis jetzt den Beleidigungen der Lady nur feine Ironie entgegengehalten hat, wagt nun die offene Konfrontation. Sie gesteht ihre *„Aufrichtigkeit"* ein und gibt Lady Milford zu verstehen, dass sie deren Heuchelei und Doppelmoral durchschaut. Sie selbst hält sich ein *„reines Herz"* zugute, das ihr die *„heitre Ruhe"*, die Gelassenheit, schenke, ein Angebot abzulehnen, welches an Bedingungen geknüpft sei, die sie nicht erfüllen könne. Sie fühlt sich der Lady aufgrund ihrer bürgerlichen Herkunft in keiner Weise unterlegen, da sie erkannt hat, dass jene sich im Widerspruch zu ihrer inneren Einstellung, ihrem *„Herzen"* verhält: *„Ich will nur fragen, was Milady bewegen konnte, mich für die Törin zu halten, die über ihre Herkunft errötet? Was sie berechtigen konnte, sich zur Schöpferin meines Glücks aufzuwerfen, ehe sie noch wusste, ob ich mein Glück auch von ihren Händen empfangen wollte?" [...] „Sind Sie glücklich, Milady? [...] hat dieses Herz auch die lachende Gestalt Ihres Standes?"*

Lady Milford muss vor Luise zugeben, dass ihre Maske gefallen ist. Sie kann nur noch ihre Machtposition bei Hofe ins Feld führen, um das junge Mädchen einzuschüchtern und befiehlt ihm, Ferdinand aufzugeben. Luise merkt jedoch, dass die Drohungen der Lady nichts als leere

Worthülsen sind, da jene in ihrem Innern *„nicht fähig [sei], ein Geschöpf zu quälen, das [ihr] nichts zu Leide getan, als dass es empfunden hat wie [sie]".*

Tief betroffen von der Ehrlichkeit und Klugheit des bürgerlichen Mädchens gibt Lady Milford schließlich ihre überlegene Pose auf. Luise um Verzeihung bittend offeriert sie dieser ihr gesamtes Vermögen, um ihr den Geliebten gleichsam abzukaufen. Luise reagiert *„voll Befremdung"* auf das Angebot.

Als sie sich am Ende der Szene bereit erklärt, auf Ferdinand zu verzichten, geschieht dies nicht für Geld, sondern *„freiwillig"*, jedoch um den Preis ihres eigenen Selbstmords, der die Beziehung zwischen Ferdinand und Lady Milford in Zukunft belasten würde.

3.23 Interpretation Szene IV,7

Der vorliegende Szenenauszug spielt im *„sehr prächtigen Saal bei der Lady"*, wohin diese Luise bestellt hat, um sich ein Bild von ihrer Rivalin zu machen. Lady Milford möchte das bürgerliche Mädchen mit ihrer sich auf Reichtum und Lebenserfahrung stützenden Autorität beeindrucken, was ihr zunächst auch zu gelingen scheint. Luise *„tritt schüchtern herein"* und demonstriert in ihrer ersten Äußerung die ihr gebotene Demut der adligen Dame gegenüber: *„Gnädige Frau, ich erwarte Ihre Befehle."*

Die Lady gibt sich überlegen und lässt Luise in höfisch-*„geschraubter"* (Regieanweisung) Redeweise den großen Standesunterschied zwischen ihnen deutlich spüren. Doch die Musikertochter erkennt schnell, dass Lady Milfords herablassendes Verhalten aufgesetzt ist. Der wahre Grund, warum die Lady sie hat rufen lassen, ist Luise ebenfalls klar: Sie soll zum Verzicht auf Ferdinand gezwungen werden. Dieses Wissen gibt ihr die nötige Sicherheit, während des folgenden Gesprächs ihre Gedanken und Empfindungen offen zu legen. So gewinnt sie im weiteren Verlauf der Szene - auch im hier zu untersuchenden Auszug - mehr und mehr die Oberhand.

Der Szenenauszug setzt ein, kurz nachdem Luise die ihr von der Lady angebotene Stelle als Kammerjungfer ausgeschlagen hat. Konterte sie bis jetzt die herablassenden Äußerungen der Lady mit feiner Ironie, so konfrontiert sie diese nun offen mit der Meinung, die sie von ihr und vom Leben bei Hofe hat. Sie verweist auf die Unmoral, die sich hinter der vornehmen Fassade verbirgt und bezeichnet das Haus der Milford indirekt als *„Freistätte[n] der frechsten Ergötzlichkeit"*, in die sie mit ihrer *„Unschuld"* und ihrem *„reine[n] Herz[en]"* nicht hingehören würde. Außerdem gibt sie der Lady zu verstehen, dass sie ihre versteckten Absichten durchschaut hat und warnt diese: Schon bald könne sie ihr Angebot, Luise als Zofe bei sich aufzunehmen, bereuen, wenn sie die Frau ständig um sich habe, mit der sie die Liebe zum selben Mann verbinde: *„Ich bin offenherzig, gnädige Frau – […] – O besser, besser, Sie lassen Himmelsstriche uns trennen – Sie lassen Meere zwischen uns fließen! […] Sehen Sie sich wohl für, Milady – […] - Schlangen der Reue könnten ihren Busen anfallen und nun – welche Folter für Sie, im Gesicht ihres Dienstmädchens die heitre Ruhe zu lesen, womit die Unschuld ein reines Herz zu belohnen pflegt."*

„Unschuld" und *„Herz"* sind die Schlüsselbegriffe von Luises Denken. Sie bilden die Basis ihrer bürgerlichen Wertvorstellung, die mit der Doppelmoral bei Hofe nicht vereinbar ist. Deshalb ist eine Stellung im Hause der Lady für Luise keine Alternative zu ihrem bescheidenen, aber tugendhaften Leben. Trotz des Alters- und Standesunterschieds fühlt sie sich der Milford moralisch überlegen, da sie deren Worte und Gehabe als Heuchelei entlarvt hat. In anschaulichen Bildern und Vergleichen legt sie Lady Milford ihre Überlegungen dar und scheut auch nicht davor zurück, sie direkt zu fragen, ob sie ihr raten würde, ein Leben wie das ihre zu führen: *„Fühlt sich doch das Insekt in einem Tropfen Wasser so selig, als wär' es ein Himmelreich,*

so froh und so selig, bis man ihm von einem Weltmeer erzählt, worin Flotten und Walfische spielen! – Aber glücklich wollen Sie mich ja wissen? [...] Sind Sie glücklich, Milady? [...] Hat dieses Herz auch die lachende Gestalt Ihres Standes? Und wenn wir jetzt Brust gegen Brust und Schicksal gegen Schicksal auswechseln sollten – und wenn ich in kindlicher Unschuld [...] Sie fragte – würden Sie mir wohl zu dem Tausche raten?"

Lady Milford fühlt sich durch die Wahrhaftigkeit von Luises Rede tief getroffen, umso mehr als sie diesen Scharfsinn von einer Bürgerlichen nicht erwartet hätte und einen *„Lehrer"* – offensichtlich Ferdinand - hinter deren treffenden Aussagen vermutet. Luise weicht ihr nicht aus, sondern bestätigt indirekt ihre Vermutung, was die innere Erregung der Lady, die schon vorhin auf Luises Reden *„heftig bewegt"* reagiert hat (siehe Regieanweisungen) *„bis beinahe zum Toben"* steigert. Als die Milford merkt, dass ihre Maske gefallen ist, nimmt sie schließlich Zuflucht zu Drohungen – ein letzter Versuch, ihre Macht auszuspielen und das bürgerliche Mädchen einzuschüchtern: *„Ja denn! Weil ich dir doch nicht entwischen kann. [...] Wag' es Unglückliche – Wag' es, ihn jetzt noch zu lieben oder von ihm geliebt zu werden – [...] – Wag' es, an ihn zu denken oder einer von seinen Gedanken zu sein – Ich bin mächtig, Unglückliche – [...] Felsen und Abgründe will ich zwischen euch werfen – [...] – Ich kann nicht mit ihm glücklich werden, aber du sollst es auch nicht werden – Wisse das, Elende! Seligkeit zerstören ist auch Seligkeit."*

Doch Luise weiß, dass Lady Milfords Worte nicht ihrem Empfinden entsprechen, dass diese *„nicht fähig [ist], das auszuüben, was [sie] so drohend auf [die Rivalin] herabschwör[t]." „Lästern Sie Ihr eigenes Herz nicht. [...] Sie sind nicht fähig, ein Geschöpf zu quälen, das Ihnen nichts zu Leide getan, als dass es empfunden hat wie Sie."*

Die Lady zeigt sich tief berührt von Luises innerer Größe; jene wird ihr zur *„edle[n], große[n], göttliche[n] Seele"*, zu einem Ideal, das später in der Epoche der Klassik als erstrebenswert galt. Die Lady lässt sich sogar dazu herab, dem Mädchen ihr gesamtes Vermögen anzubieten und ihr so Ferdinand gleichsam abzukaufen, worauf Luise jedoch mit *„Befremdung"* reagiert.

Luise bietet am Ende der Szene freiwillig an, den Geliebten der Lady zu überlassen; belastet werden soll die Verbindung zwischen Lady Milford und Ferdinand allerdings mit Luises Selbstmord: *„Jetzt ist er Ihnen! Jetzt, Milady, nehmen Sie ihn hin! [...] Reißen Sie ihn zum Altar – Nur vergessen Sie nicht, dass zwischen Ihren Brautkuss das Gespenst einer Selbstmörderin stürzen wird!"*

Das große Thema des Stücks, die Auseinandersetzung zwischen Adel und Bürgertum, wird in dieser Szene von Schiller exemplarisch an den beiden Frauen dargestellt, indem bürgerliche und adlige Lebensweise und Moralauffassung aufeinander treffen. Der Ausgang des *„Rededuells"* zugunsten der bürgerlichen – vertreten durch Luise - kann auch als Adels- und Gesellschaftskritik Schillers verstanden werden.

4. Die Kombination der Textbausteine

Sie haben sich durch die Bearbeitung der Aufgaben in diesem Arbeitsheft umfassende Kenntnisse über Schillers Trauerspiel angeeignet. In einem letzten Schritt geht es nun um deren Anwendung auf eine konkrete Leistungsüberprüfung. Angesichts der Fülle möglicher Aufgabenstellungen ist es sinnvoll, noch einmal auf die folgenden Kernkompetenzen hinzuweisen, die eine Bearbeitung von Klausurthemen erfordert. Sie sollten

- die Thematik des Stückes vor seinem historischen Hintergrund verstehen
- die für ein Werk des Sturm und Drang typischen Inhalte kennen
- wissen, welche Funktion Schiller dem Theater zuschreibt
- den Charakter der Protagonisten deuten können
- grundlegende sprachlich-stilistische Gestaltungsmittel erkennen und
- in den Dramenaufbau einordnen können.

Diese Kompetenzen haben Sie sich oben unter 2.1 bis 2.15/3.1 bis 3.15 angeeignet. Welche Gewichtung der einzelnen Aspekte eine Themenstellung erfordert, können Sie beispielhaft an den Übungsaufgaben zur Szenenanalyse 2.16 bis 2.23/3.16 bis 3.23 studieren.

Darüber hinaus benötigt Ihre Arbeit eine Einleitung, eine Gliederung und einen Schluss.

Am Ende dieser Klausurenhilfe sollen Sie Ihre Vorbereitung dadurch abrunden, dass Sie das Erarbeitete in ein Gesamtkonzept einbetten. Legen Sie sich eine Einleitung zurecht, erstellen Sie eine Gliederung und finden Sie einen Schluss für Ihre Arbeit.

4.1 Übungsaufgabe

Bitte erstellen Sie zum folgenden Thema eine Gliederung mit Einleitung und Schluss:

a) Erschließen Sie die Szene I,4 aus Schillers Drama „Kabale und Liebe" nach Inhalt und sprachlich-stilistischer Gestaltung

b) Erläutern Sie, ausgehend von Ihren Ergebnissen, inwiefern das Werk der Epoche des Sturm und Drang zuzuordnen ist

Szenentext oben unter 2.16

Hinweise zur Lösung:

A) Einleitung

Aufgabenbezogene Einleitung unter Bezugnahme auf Autor, Zeit, literarische Epoche

- Orientieren Sie sich an den Arbeitsergebnissen in *Baustein 3.7* und /oder *Baustein 3.8*
- Orientieren Sie sich an den Arbeitsergebnissen in *Baustein 3.7*

B) Gliederung

Orientieren Sie sich an den Arbeitsergebnissen in den *Bausteinen 3.16, 3.17, 3.7*

C) Schluss

Bitte verzichten Sie bei der Formulierung eines Abschlussgedankens auf platte Sätze folgenden Typs: *„ Das Stück hat mir sehr gut gefallen, weil...", „Das Drama ist Schiller hervorragend gelungen... „, „...ist toll formuliert"* etc.

Als sinnvoller Abschluss Ihrer Arbeit bieten sich folgende Alternativen an:

- Sie runden Ihre Arbeit durch Rückbezug auf Ihren Einleitungsgedanken ab
- Sie gehen kurz auf die Aktualität der Thematik des Dramas ein

4.2 Musterlösung zur Übungsaufgabe

A. Einleitung

Friedrich Schillers Drama Kabale und Liebe, 1784 in Frankfurt am Main uraufgeführt, wird der Epoche des „Sturm und Drang" zugeordnet, einer Jugendbewegung in Deutschland im letzten Drittel des 18. Jahrhunderts. Deren neue Lebens- und Kunstauffassung lehnte überkommene gesellschaftliche Strukturen, die der Selbstverwirklichung des Individuums entgegenstehen, radikal ab. Sie proklamierte ein Persönlichkeitsideal, das Freiheit, Gefühl und schöpferischer Phantasie höchste Priorität einräumt. Die daraus erwachsenden Konflikte sollen im Folgenden anhand der vorliegenden Szene exemplarisch verdeutlicht werden.

Gliederung:

B. Erschließung und Interpretation der Szene I,4 aus Kabale und Liebe/ Gründe für die Zuordnung des Dramas zur Epoche des „Sturm und Drang"

I. Strukturierte Inhaltsangabe

1. Eintreffen Ferdinands von Walter bei Luise Miller; Beteuerung seiner aufrichtigen Liebe
2. Luises Kummer angesichts der unstandesgemäßen Verbindung
3. Ferdinands Bemühen, ihre Bedenken zu zerstreuen; Andeutung einer möglichen Vermählung
4. Luises Verzweiflung über ihren verlorenen Seelenfrieden und ihre unangemessenen Wünsche

II. Interpretation der Szene I,4 unter Einbeziehung der sprachlich-stilistischen Mittel

1. Eingliederung der Szene in den Gesamtzusammenhang
2. Unterschiedliche Charaktere der Dialogpartner entsprechend ihrer Sichtweise der Liebesbeziehung

2.1 Ferdinands leidenschaftliches egozentrisches Wesen; seine Verabsolutierung dieser Liebe allen Widerständen zum Trotz
2.2 Luises Verunsicherung und ihre rational begründeten Zweifel an der zukünftigen Realisierbarkeit der Beziehung

3. Auffällige sprachliche Gestaltungsmittel zur Verdeutlichung der jeweiligen Anschauung

III. Gründe für die Zuordnung des Dramas zur Epoche des *„Sturm und Drang"*

1. Kritik an den politischen und gesellschaftlichen Zuständen des Absolutismus
2. Konflikt des Einzelnen mit der gesellschaftlich-politischen Ordnung
3. Betonung des Rechts auf Selbstverwirklichung und individuelle Lebensgestaltung: Ferdinand von Walter als Prototyp dieser Epoche

C. Schluss

Das auch als bürgerliches Trauerspiel bezeichnete Drama Kabale und Liebe ist eng mit der Biographie seines Autors und mit dem zeitgeschichtlichen Kontext verbunden. Auf der Grundlage seiner Erfahrungen mit despotischen Entscheidungen des Herzogs Karl Eugen von Württemberg, die mehrfach die Lebensgestaltung des Dichters beeinflussten, verarbeitet Schiller hier die Spannungen, die sich aus dem Widerspruch zwischen Herrscherwillkür und dem individuellen Recht auf Selbstbestimmung ergeben.

Weiterführende Literatur u.a.:
Müller, Hans-Georg: Lektürehilfen Friedrich Schiller „Kabale und Liebe", Klett
Völkl, Bernd: Kabale und Liebe. Lektüreschlüssel für Schüler, Reclam
Zimmer, Torsten: Kabale und Liebe. Interpretationshilfe Deutsch, Stark Verlag

Internet u.a.:
www.wikipedia.de
www.digitale-schule-bayern.de

4.3 *Kopiervorlage für Textbausteine*

Textbaustein Kabale und Liebe